神奈川で打ち勝つ！
超攻撃的バッティング論

佐相眞澄

竹書房文庫

はじめに

大阪、愛知と並び、高校野球の激戦区として知られる神奈川県。私はそんな強豪ひしめく神奈川の公立進学校である県立相模原高校、通称・県相（けんそう）の野球部監督を務めている。

みなさんご存じのように、神奈川には甲子園常連の横浜、東海大相模の他、慶応や桐光学園など、全国に名を馳せる強豪私学がいくつも存在している。

本書の中で詳しく述べるが、このような〝私学優位〟の激戦区で公立高校が甲子園出場を果たすのは至難の業である。

その証拠に、神奈川県で県立高校が甲子園に出場したのは1951年（昭和26年）の希望ヶ丘が最後である（Y校として知られる横浜商業は市立ということで省いたが、そのY校にしても1990年を最後に甲子園から遠ざかっている）。

そこで私は、県立高校が私学と同じ内容の練習をしていても絶対に甲子園に行けないことを思い知った。そして〝佐相流〟の野球理論ともいえる「超攻撃的野球」に取り組むようになったのである。

そもそも、私は自分が現役の頃から守備よりもバッティングを重視していた。なぜなら、監督にレギュラーとして使ってもらうためには、バッティングが一番アピールしやすかったからだ。

子供の頃から私はバッティングが大好きだった。そして中学2年の時、野球部の監督から「足も速いから左に変えてみたらどうだ？」との助言を受け、それまでの右打ちを改め、左打ちに転向した。すると、この左打ちが私にはとてもよく合っていた。打球がそれまでよりも見違えるように飛ぶようになり、私はバッティングの魅力、面白さにのめり込んでいった。

中学時代までは相模原で過ごし、高校は全国的な強豪として知られていた法政二に進学。法政二は私が入学するまで、県下一の甲子園出場回数を誇っていた。しかし当時、神奈川の高校野球界は東海大相模を中心に回っており、同学年の原辰徳（前読売ジャイアンツ監督）と津末英明（日本ハムファイターズ、読売ジャイアンツでプレー）がクリーンアップ、エースに村中秀人（東海大甲府野球部監督）を擁し、3年間で甲子園に4度も出場することとなる。

甲子園出場を果たせなかった悔しさを胸に、私は日本体育大学に進学し、野球というものに真正面から取り組むことで、より一層バッティングを突き詰めて考えるようになっていった（ちなみに、日体大卒業時の論文は「長距離打者のスイングの軌道」をテーマにしたものだった）。

私の攻撃的野球の原点は中学野球にある。

日体大を卒業した私は相模原市内の中学の体育教師となり、6年目に野球部の顧問となった。そこから私の〝野球部監督〟としての人生がスタートするのだが、顧問になったばかりの頃は本当に右も左も分からず苦労の連続だった。

まず、部員の心をつかむことに腐心し、さらにどうやったら彼らの体力と技術を向上させられるのか、毎日が試行錯誤の連続。しかし、そんなことをがんばって続けていくと光明というものが色々と見えてくるもので、私は選手たちとともに悩み、苦しみながら、自分なりの、いうなれば〝佐相流打撃理論〟を作り上げていった。

選手たちのがんばりもあって、大沢中では1992年に全日本で3位となり、東林中では1997年の全中でベスト8、翌1998年に3位、さらに2001年にはKボール全国優勝を飾り、世界大会では3位となるなど好成績を収めることができた。

しかし、私の心の中には「いつか高校野球の監督をやりたい」という気持ちがずっとあった。そんな時、幸いにも県立高校から公立中学へ体育科教諭の募集があり、2005

年に神奈川県立川崎北高校に着任。私は念願だった高校野球部の監督になったのである。

自分の夢でもあった高校野球の監督。しかし、川崎北に赴任した当初は「軟式」と「硬式」の違いに私自身が大いに戸惑った。守備、ポジショニング、カットプレー、カバーリング、走塁などは軟式と硬式ではまったく異なっていた。しかし、打撃に関しては、軟式で指導していたこととほぼ変わらなかったので、さらに打撃力を伸ばしていくにはどうしたらいいのかについて研究を深めた。

強豪私学が揃う神奈川では、こっちが4点取っても私学に8点を取られて負けてしまう。そんな戦いが続く中で私は自らの打撃理論を進化させ、「それならばウチは〝9点〟取る野球を目指そう」と「超攻撃的野球」を考えるようになった。

そしてその結果、川崎北では２００７年の春秋と桐蔭学園に連勝。特に、秋季大会では桐蔭に10－1の7回コールドで打ち勝つと、続いて平塚学園を2－1、横浜創学館を18－8と3試合連続で強豪校を撃破して準決勝に進出。翌年の関東大会と明治神宮大会の覇者である、慶応には破れたものの3－5の接戦で、並み居る強豪私学と打ち合ってベスト4という好成績を収めることができた。

その後、２０１２年に私の地元でもある相模原に異動。私の打撃理論をさらに突き詰めて指導し、翌２０１３年秋は県大会ベスト32で、２０１４年春はベスト16、同年夏にベスト8、同年秋にベスト4、2015年春には準優勝、そして関東大会に出場するなどチームの実力は順調に伸びていった。だが、悲願である「県立高校60数年ぶりの甲子園出場」は残念ながらまだ成し遂げられていない。

「甲子園出場」を目指し、今も私の打撃理論は日々進化を遂げている。

選手たちとともに作り上げてきた、打ち勝つ野球＝「超攻撃的野球」とは何なのか？

本書では私の打撃理論、野球論を写真や動画なども交えながら、分かりやすく解説していきたいと思う。

ありがたいことに、本作の書籍版をご覧になった指導者の方々から、「この本を参考に指導したら、打力が格段に上がった」という感想や御礼を数多くいただいた。

打撃に悩んでいる現役の選手たち（小学生から大学生、社会人まで）、あるいは「どんな指導をしたらいいのか」と色々と疑問を感じている指導者のみなさん、すべての人に私の打撃理論が少しでもお役に立つことができれば、これに勝る喜びはない。

神奈川で打ち勝つ！超攻撃的バッティング論

目次

第2章 超攻撃的バッティング論 実戦編
コース別・球種別・タイプ別・状況別の打ち方

［ピッチャーのタイプ別・球種別の打ち方］

［佐相流野球理論］

第3章 超攻撃的バッティング論 練習編
長所を伸ばし、短所を克服する

第4章　打撃と投球における体のメカニズム
体の使い方ひとつで、成績は急上昇する

第5章　佐相流指導法と気付き

固定観念を捨てるのが勝利への近道

序章

激戦区・神奈川の現状と超攻撃的野球

群雄割拠、戦国・神奈川の高校野球の現状と四天王の強さ

私が高校球児だった40年ほど前の神奈川の高校野球は、Y校でおなじみの横浜商業を筆頭に横浜、東海大相模、日大藤沢、桐蔭学園、武相、そして私の通っていた法政二などが常に上位に進出する、いわゆる強豪校と呼ばれる存在だった。

そして今、神奈川の高校野球は２０１６年夏の時点で参加チーム数は全国2位の１８８校（1位は愛知の１９０校）で相変わらずの激戦区として知られており、圧倒的に私立高校（私学）が優位。私が監督を務める県相のような県立高校が私学を倒して甲子園に出場するのは、まさに至難の業といえる状況である。

私が考える現在の神奈川の高校野球の〝八強〟は横浜、東海大相模、慶応、桐光学園の四天王に、横浜隼人、日大藤沢、桐蔭学園、横浜創学館を加えた8校である。

私なりに現在の四天王の特徴を大まかに表してみたい。まず、多くのプロ野球選手を輩出している横浜から。

横浜の強さは、名将として知られる渡辺元智前監督と名参謀・小倉清一郎前コーチが作り上げたものであることは全国的にも有名である（現在はその歴史を若手の平田徹監督が

受け継ぎ、新たな常勝チームを作り上げている）。多くのプロ野球選手を生んでいることから、横浜には関東だけではなく全国から有能な選手が集まってくる。そしてその多くが「プロ」を目指している。

「横浜で心技体を磨けばプロに行ける」

そう思って集まってきた選手たちばかりだから、その辺の高校球児と比べればはるかに志が高い。志が高いから素材がいいだけでなく、その芯となる〝精神〟も強い。横浜の強さはそこにある。横浜の選手たちのゴールは〝甲子園〟ではないのだ。彼らは「甲子園のさらに先」を見ている。

東海大相模は練習が厳しいことで知られている。その厳しさがあるから常勝チームでいられるし、甲子園の常連にもなっている。東海大相模も多くのプロ野球選手を生んできた。そんなことから横浜と並び、常に優秀な選手を抱えている。

横浜、東海大相模をはじめ、強豪私学に共通しているのは、「出口がしっかりしているから有能な選手たちが集まってくる」ということである。横浜に行けば、その後プロ野球選手にはなれなかったにしても、名の通った強豪大学に進学することができる。東海大相模も東海大学の他、国際武道大学など強豪大学に進学できる。

慶応もその出口がしっかりしていることから、優秀な選手が集まってくる。出口とはそのものずばり、「慶応大学」である。

桐光学園は少数精鋭、野呂雅之監督が選手たちをしっかりと育て上げ、東京六大学リーグなどの強豪へ選手を送り出すことで知られている。

野球の特徴でいえば、横浜と桐光学園はセオリー通りに先取点を取りにくる。送るべき時はバントでしっかりと送る。そして、ランナー二塁の時のタイムリー率が高い。さらに横浜は、圧倒的な投手力で相手を序盤からねじ伏せようとしてくる。

東海大相模は鍛え上げられた守備力と走力があり、ベースランニングの技術も高い。一瞬の隙を突いて次の塁を狙ってくる。ふいに機動力を使った攻撃をしてくるので、なかなか読みづらい相手でもある。

慶応も個人の技量が非常に高い（特に2017年のチームは）。さらに選手のまとまり方が大人びており、ピンチでもまったく動じない精神的な強さも持っている。選手一人ひとりが野球をよく知っており、試合などを見ていても高校生とはとても思えない落ち着きぶりである。

ちなみに私は川崎北、相模原の両時代を通じて、四天王以外の八強には勝ったことがあるが、まだ四天王には勝ったことがない。

いかに神奈川四天王に勝つか。それが今の県相のテーマでもあるのだ。

私が見てきた怪物投手たち――日本中を沸かせた江川卓と松坂大輔

私が相模原で中学野球の指導者をしていた1998年に「かながわゆめ国体」が開催され、横浜の試合が大和スタジアムで行われるというので観戦に行った。お目当てはもちろん、松坂大輔投手（中日ドラゴンズ）である。

当時の松坂投手といえば、甲子園の春・夏連覇を達成し、しかも夏の決勝戦では京都成章を相手にノーヒットノーランという偉業を成し遂げ、日本中から注目されるまさに〝時の人〟だった。そんな松坂投手が登場するとあって、大和スタジアムは大入り満員の大盛況。異常な盛り上がりの中で私は試合前から観客席に陣取り、外野でキャッチボールをする松坂投手を見ていた。

キャッチボールの距離はどんどん広がっていくのだが、松坂投手の投げるボールの高さはずっと頭の位置くらい。伸びのあるボールが沈みもせず、スーッとそのまま糸を引くように相手のグラブの中に収まっていく。

相手との距離が50メートルくらいになっても、松坂投手のボールは自分の頭の高さくらいのところをぐんぐん伸びたまま進んで相手に届く。

「スゲー、ストレートだなぁ」

感心しながらキャッチボールを見ていたのだが、その時「あのストレートの軌道、そういえばあの人の投げるボールと一緒だ」ということに気付いた。

〝あの人〟とは、元読売ジャイアンツの伝説の投手、江川卓さんである。

江川さんが法政大学野球部の1年生だった時、私は法政二の1年生。大学と高校のグラウンドが隣接していたため、私たち法政二の選手は日常的に江川さんのブルペンでの投球練習やキャッチボールしている姿を見ていた。

初めて江川さんのピッチング練習を見た時の衝撃は今も忘れられない。その伸びは驚異的で、まるで下から湧き上がってくるかのようにボールがホップしていた。その証拠にキャッチャーのミットは、ボールを捕る時も下を向いたままだった。

江川さんがキャッチボールしているところも何度も見た。我々が投げたら相当高く投げなければノーバウンドで届かない距離でも、江川さんの投じたボールは頭くらいの高さをキープしたまま、まったく沈むことなく相手に届いていた（しかも軽々と）。

あの時に見た江川さんのボールと、大和スタジアムで見た松坂投手のボールはまったく一緒だった。まるで無重力の空間を進んでいくかのように、沈むことなく真っ直ぐに走るボール。〝超〟の付く一流投手のストレートはかくも伸びがあるものなのだ。

神奈川の生んだ豪腕サウスポー——松井裕樹と小笠原慎之介

怪物投手で思い出したが、桐光学園の松井裕樹投手（東北楽天ゴールデンイーグルス）と東海大相模の小笠原慎之介投手（中日ドラゴンズ）もみなさんご存じの通り、高校生離れした、ものすごい左ピッチャーだった。

まず松井投手と対戦したのは、私が川崎北監督最後の年の２０１２年春の大会（川崎地区予選）だった。あの時の松井投手はまだ1年生にもかかわらず、ストレートの伸び、スライダーのキレともに抜群で、私は選手たちに「ストレートを狙うなら低目、変化球を打つなら高目の失投」と指示を出した（高目の伸びのあるストレートは空振りする可能性が高く、低目の変化球はとてもではないが打てないと判断）。

川崎北打線は当時の松井投手から何とか2点をもぎ取ったのだが、桐光学園に4点を取られ、2−4での敗戦となった。

小笠原投手と対戦したのは県相に移って4年目、２０１５年の春の大会の決勝戦。当時、県内はおろか、日本中の球児を代表する超高校級投手として小笠原投手は注目されており、その年の夏の甲子園で東海大相模は全国制覇を成し遂げた。そんな小笠原投手を相手に戦うため、県相としてはピッチングマシンの球速を上げるなど万全の対策で挑んだものの、

4─8で春の県大会準優勝に終わった。

あの頃の小笠原投手は140キロ後半のストレートを投じていたが、実際にバッターボックスでそのボールを見た選手たちは口々に「あんなボール見たことありません」と呆然とした表情で私に言ってきた。

やはり超一流ピッチャーのボールはひと味もふた味も違うことを、この時私は思い知らされた。

超攻撃的野球はどのようにできあがったのか

2017年の選抜高校野球では、決勝戦が大阪桐蔭と履正社の大阪対決となり注目を集めたが、参加チーム数全国1位の愛知、2位の神奈川、3位の大阪はいずれもチーム数が170を超え、夏の地方大会で優勝を果たすには7～8戦をこなさなければならない。ましてやベスト16以降は日程も過密となるため、そこから勝ち上がっていくには一線級の投手が最低でも2～3人は必要となる。そうなれば、有力選手をあちこちから集められる私学の方が当然有利となり、参加チーム数が170を超える地域で県立高校が甲子園に出場するのは本当に大変なことなのだ。

しかし、私はそんな逆境ともいえる状況に置かれているからこそやりがいを感じ、19

51年、希望ヶ丘以来の県立高校甲子園出場を果たすべく、今までふたつの県立野球部の監督を務めてきた。そしてその活動の中で、強豪私学にまともに勝負を挑んでもなかなか勝てないことを知り、どうやったら全国レベルの私学を倒せるのか、常に考え続けてきた。

その結果、私の導き出した答えが「超攻撃的野球」だった。

県相野球部に入ってくる新入生は、軟式経験者と硬式経験者がほぼ同程度である（ちなみに2017年は約30名の新入生が入部）。

軟球と硬球では硬さや表面の質感がまったく異なるため、軟式上がりの選手が硬球に慣れるのには少なくとも2～3ヶ月はかかる（これは守備面においてであり、後述するがバッティングに関しては1年ほどかかってしまう）。

たとえば軟球と硬球では弾み方がまったく違う（軟球の方が弾む）ので、野手はゴロのバウンドに慣れる必要がある。また、そのバウンドの特性を生かし、軟式野球ではランナーを還すために高いバウンドのゴロを打つようなバッティングが求められる。

そんなことから、軟式上がりの選手はいわゆる「叩きつけるバッティング」が体に染み付いてしまっているのだが、硬式野球はあくまでも「レベルスイング」が基本なので、私は軟式上がりの選手が入部してくると、まずは徹底的にレベルスイングを教え込む。

さらに打つポイント、バットへのボールの乗せ方などにも慣れる必要があり、それらすべてを考えると硬式に慣れるのにどうしても1年はかかってしまうのである。

だが、強豪私学の野球部はほとんどがリトル・シニアリーグやボーイズリーグといった硬式野球クラブに在籍していた選手である。

軟式経験者50％、硬式経験者50％で構成されている県相のような公立高校は、強豪私学と比べ、スタート時点ですでにこれだけのハンデを負っている。

横浜や東海大相模に入部してくる有力選手の実力を10とすれば、県相に入ってくる選手は6程度である。そんな6レベルの選手でも、私と一緒に日々練習に取り組むことで3年の夏までには実力が8～9くらいのレベルになる。

8～9レベルの選手をいかに多く生み出すかが私のテーマであり、強豪私学とのハンデを少しでも克服すべく、「打ち勝つ野球」を目指し、練習時間の大半をバッティングに費やしているのだ。

進学校だからこその強み

県相は県内有数の公立進学校として知られており、選手のスカウティング活動を行うことはできないに等しい。

部員たちはみな頭がいいとあって、私が説明したことを理解するのが早い。さらに素直な子が多いため、私が言ったことをすぐに受け入れ、時間をかけて努力もしてくれる。

　ただ、いかんせん、みな体力がない。勉強だけに打ち込んできたわけでもないのだろうが、総じて運動の基本となる体力がない。私が現役の頃の普通の選手の体力を10とすれば、県相に入ってくる選手たちはよくて7～8、大半の選手が5～6といったところである。だから私は選手たちに「君たちは体力がないのだから、10に近づくよう努力をするしかない。数をこなすしかない」と伝えている。

　県相の選手たちは年間を通じて体力トレーニングをしているが、一番体力を伸ばすのは冬である。冬に基礎体力を付けるためのトレーニングを徹底して行う。選手たちは私の言ったことに素直に従い、努力を惜しまない。5だった選手が8となり、8だった選手が10に近づいていく。冬を越えて春になった時、私から見ても驚くくらい体力を伸ばす選手が結構いるのだ。

　春から夏、秋にかけては大会が続くため、どうしても試合を意識した実戦的な練習が主流となる。だが冬の練習は試合を意識しなくてていいため、「今日は体力を付ける」「今日はスイングスピードを速くする」「今日は守備力をアップさせる」とそれぞれが目的を持って、ひとつのことに集中して取り組むことができる。

　目標を持った選手は、その目標に向かって一生懸命に努力する。伸び率にはそれぞれ差があるが、どの選手もひと冬を越えれば確実に成長している。私は選手たちのそんな成長に喜びを感じるため、冬の練習が選手を指導していて一番楽しい。

佐相流野球がバントをあまりしない理由

チームの戦術として、私がバントを積極的にやることはない。だからスクイズのサインも滅多に出すことがない。私がスクイズをほとんどやらないのは、タッチアップの方が得点に結びつく可能性が高いと思うからである。

そもそも、私自身が現役時代の打順はクリーンアップが多かったし、左打者でアウトコースも引っ張ることができた。中学、高校、大学とそれぞれの監督が私の特性を見抜いていたのだろう。試合中にバントやスクイズのサインを出された記憶がない。

中学野球で監督をしている時も、バントやスクイズのサインは滅多に出さなかった。ただ、そうは言っても高校野球では「ここぞ」という場面でやはりバントやスクイズが必要となってくる。そんな理由から川崎北の監督となってからは、私自身がバントやスクイズを学び直した。

私のバントの師匠は、江川卓投手を擁して法政大学がリーグ戦4連覇を成し遂げた黄金時代の監督、五明公男先生だった。五明先生には川崎北のグラウンドにもお越しいただき、幾度もバント指導をしていただいたものだ。

最近でこそ、一試合に一回程度はバントのサインを出すようになった私だが、かつては5～6試合に一回程度しかバントをしなかった。

試合展開などにもよるが、ノーアウト、ランナー一塁の場合、私はバントをするくらいなら、バントの姿勢からヒッティングを狙う「バスターエンドラン」を選ぶ。試合中、相手の意表を突くことはとても重要である。

「バントするぞ、するぞ」と見せておいてバントをしない。あるいはバスターに切り替える。ランナー一塁となったらただやみくもに「バント」をするのではなく、いろんな戦術によって相手を警戒させ、プレッシャーをかけ続けることが大切なのだ。


以前、公式戦において「どうしてもここで1点欲しい」という場面でセーフティスクイズのサインを出したことがある。この時は小技のできる器用なタイプの選手がバッターで、さらに相手がスクイズに対してまったくの無警戒だった。

ただ、セーフティスクイズのような特殊なサインは一度やれば当然相手も警戒してくる。だからひとつの大会期間中にそう何度も使える戦術ではない。

甲子園常連チームでセーフティスクイズばかり練習しているようなチームもあるが、元来、打つことが大好きな私からすれば「バント練習ばかりして、選手たちは本当に楽しいのかな」と思わずにはいられない。

私は現役時代の自分がそうだったように、今の選手たちにもバットを思う存分に振ってヒットを量産してほしいと願っているし、ランナー三塁の場面であれば、スクイズよりも外野フライを打てる選手になってほしいと思っている。

外野フライというのは面白いもので、「フライを打とう」と狙って打つと打てないものだ。だから打撃練習を繰り返す中で、レベルスイングでどのようにボールを捉えれば打球が上がるのか、その感覚を体で覚えるしかない。そのため、県相で「外野フライを打つ練習」は特にすることはない。

外野フライの打てる技術を持った選手が打線の半分、4～5人いると、チームとしての得点能力は格段にアップする。私はスクイズのうまい選手を育てるくらいなら、長打を打てる選手を育てたい。ただその一心なのだ。

それでは次章から、私が指導者として35年かけて築き上げてきた「超攻撃的バッティング論」を詳しくご紹介していこう。

第1章

超攻撃的バッティング論　基本編

正しいスイングで4割バッターを目指せ

［佐相流バッティング理論とは］

野球を始めて50年、指導者として30年以上、私は野球というスポーツに携わってきた。そしてそんな長い野球人生の中で、私は私なりの打撃理論を作り上げてきた。

バッティングでもっとも重要なのは「トップ」と「フォロースルー」であり、スイングの最初（トップ）と最後（フォロースルー）がしっかりしていれば、その中間のプロセスとなるスイング（レベルスイング）は自然といい形になっていく。

トップの状態でのバットの理想の角度は45度。フォロースルーはできるだけ前が大きくなるようバットを強く振り切る。

骨盤はやや前傾で「パワーポジション」をしっかりと作ってから、上半身は位置エネルギーをうまく使い、さらに下半身の力を使ってスイングのパワーをボールに伝える。

こう聞いただけでは私が何を言っているのか、ほとんどの人に理解いただけないと思うが、本章では、バットの握り方から構え方、スイングの仕方、さらにはタイミングの取り方まで、私が培ってきた「正しいバッティングフォーム」、そして打撃理論というものを誰が読んでも理解できるよう、分かりやすく解説したい。

より打率を上げるために。

より飛距離を伸ばすために。

より得点力をアップさせるために。

付録の動画も合わせて見ていただければ、私の打撃理論がきっと理解していただけるはずである。

［まずスイングをする前に］

正しいスイングの話をする前に、バットの握り方や振り方のコツなど、バッティングの基礎中の基礎をまずご説明しておきたい。

バットの正しい握り方

バットの握り方は、下の手は指（第2関節中心）で握るのが基本（次ページ写真1）。だが、軟式と硬式では上の手の握り方が若干異なる。上の手は軟式では手の平に近い指の付け根の部分（次ページ写真2）で、硬式では第2関節と指の付け根の辺りで握るのが基本である（次ページ写真3）。特に軟式の場合は、後ろの腕（上の手）で押し込む力が必要になってくるからだ。

下の手をバットの手の平で握ろうとすると、手首が伸びきってしまいインコースが打てなくなってしまうので注意してほしい。

手首の向き、使い方に関しては後で述べるが、バットのヘッドが立った状態でしっかりとしたスイングに移行していくためには、今説明した握り方がもっともふさわしい。

そして構えた時にバットを支えるのは、両手それぞれの下の指3本（小指、薬指、中指）。両手の人差し指と親指には力を入れない（次ページ写真4）。下の指3本を使ってバットを軽く握り、すべての指に力を入れるのは、ボールを打つ瞬間（インパクトの時）だけだ（次ページ写真5）。

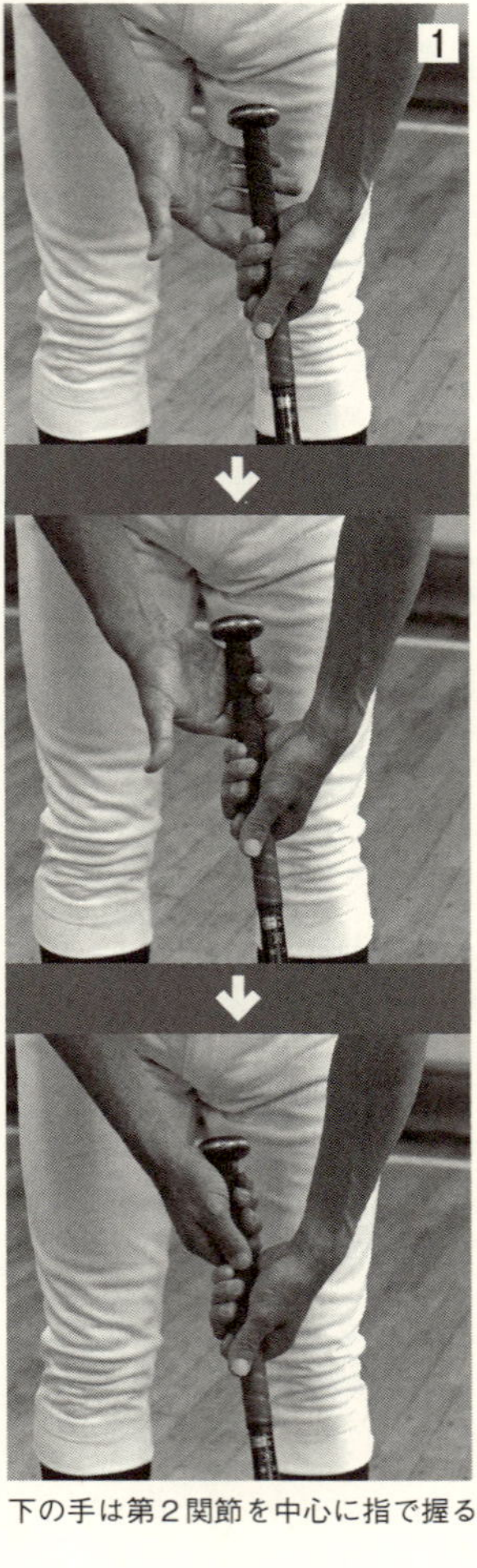

下の手は第２関節を中心に指で握る

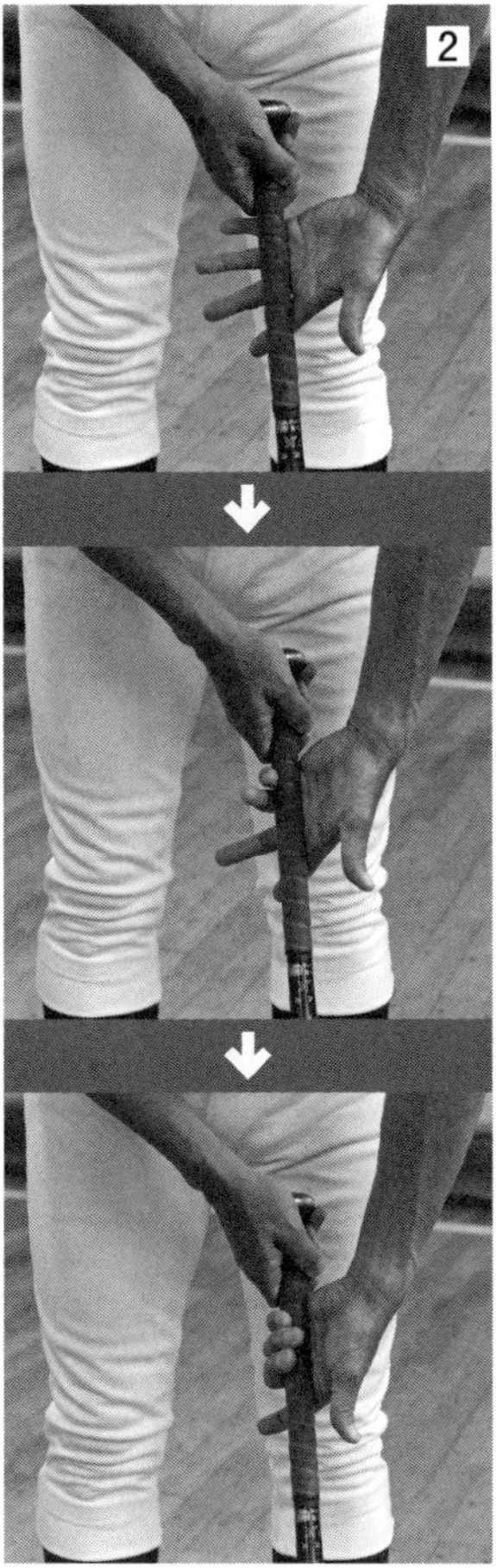

軟式では手の平に近い指の付け根の部分で握る

硬式では第２関節と指の付け根の辺りで握るのが基本

小指、薬指、中指の３本で握り、人差し指と親指には力を入れない

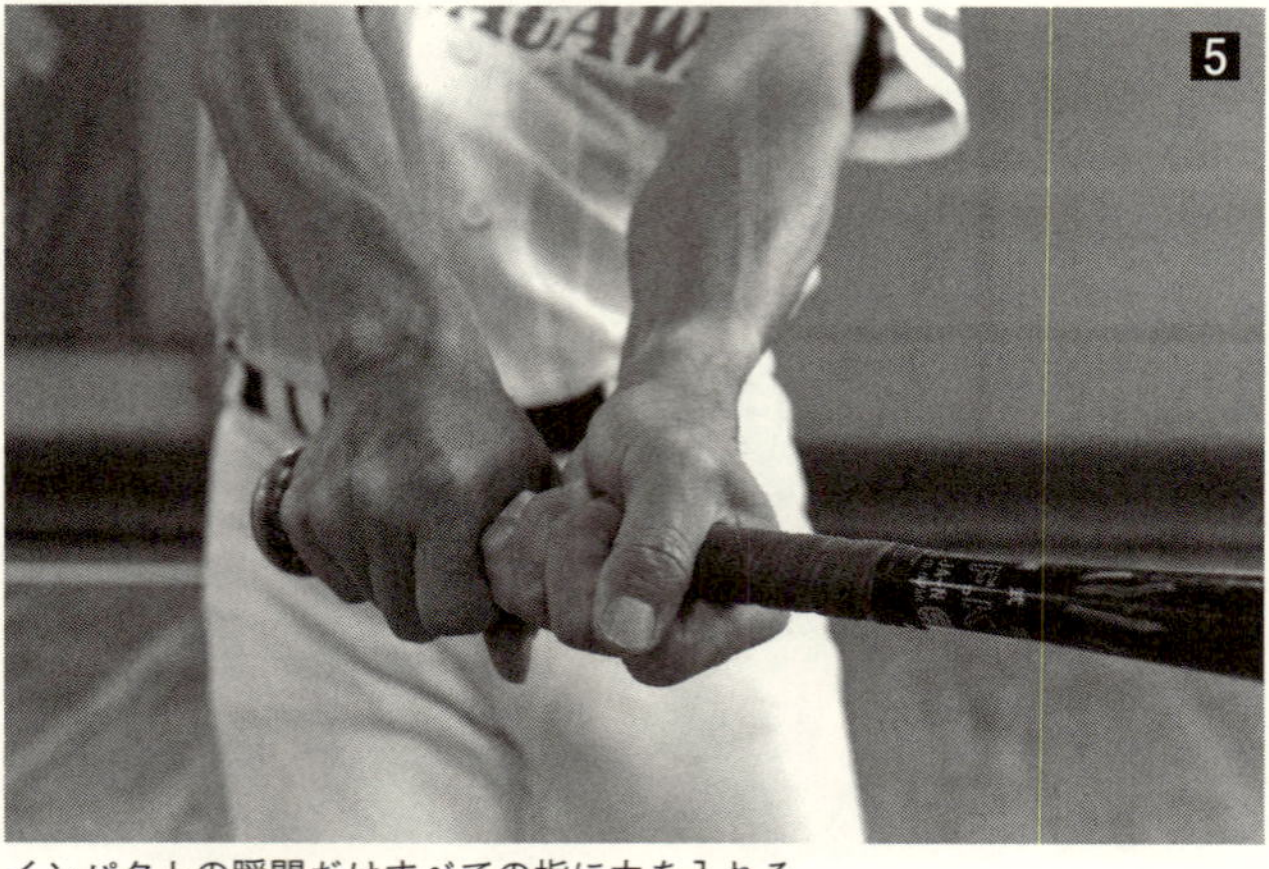

インパクトの瞬間だけすべての指に力を入れる

手の甲をピッチャー側に向ける

バットを構えた時、下の手は「手の甲を〝やや〟ピッチャー側に向ける」のがポイントである（次ページ写真1）。ただし、手の甲がピッチャーに向きすぎると今度は手首が窮屈になってしまい、打球がゴロになったり、ファールになったりしやすくなってしまうので注意が必要だ。

あるいは逆に、手首が真っ直ぐになっていて手の甲がピッチャー側に向かない（右バッターなら一塁方向、左バッターなら三塁方向に向く）場合は、インコースの真ん中から高目のボールに脇が開いて対応しづらく、フライが多くなってしまう（次ページ写真2）。

ヘッドが立った状態で理想的なレベルスイングへと入っていくためには、下の手の甲を「〝やや〟ピッチャー側」に向けるのがコツだ（次ページ写真3）。

また、下の手とは逆に、上の手の手首は真っ直ぐにする（次ページ写真4）。そうすると、ヘッドが立った状態を保ったままバットが出てくるからだ。手首が真っ直ぐではなく絞りすぎていると、ヘッドが寝た状態でバットが出てくるためドアスイングになりやすく、正しいスイングに入っていけなくなってしまう。

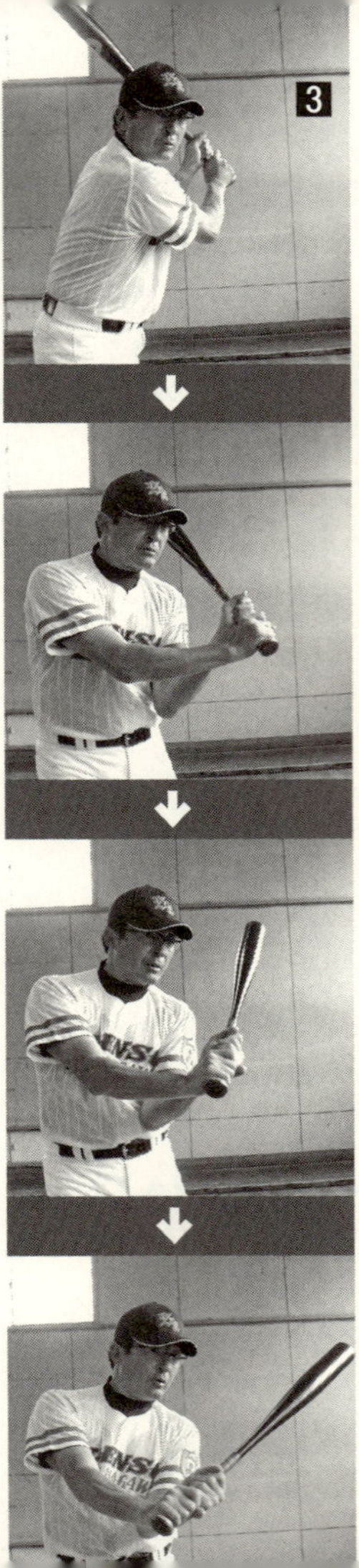

ヘッドが立った状態の理想的なレベルスイング軌道

バットを構えた時、下の手は手の甲を“やや”ピッチャー側に向ける

手の甲がピッチャー側に向いていないと、インコースの高目に対応しづらい

上の手の手首は真っ直ぐにする

遠くに飛ばすにはコックを使う
――「ハンマー」のようにバットを振る

みなさん意外に思われるかもしれないが、剣道の竹刀やハンマー（とんかち）、そしてバットの振り方にはいずれも共通点がある。

ハンマーを振る時、ボールを投げるように手首を使う人はいない。竹刀もハンマーも、棒を垂直に握った状態で前方に落とすように振り下ろす。この手首の動き（ゴルフ用語で「コック」という）こそがもっとも力を伝えやすい動きであり、バッティングのインパクトにも必要な動きなのだ（写真1）。

竹刀の振り方は縦振りだが、これを横振りに変えてみてほしい。この要領でバットのスイングもインパクトの瞬間、竹刀を振るように手首を使い、その後リストターンしてフォロースルーに持っていくのである。

ハンマーは先端部の重さを利用して釘などを打ちつけるが、バットのスイングもこの手

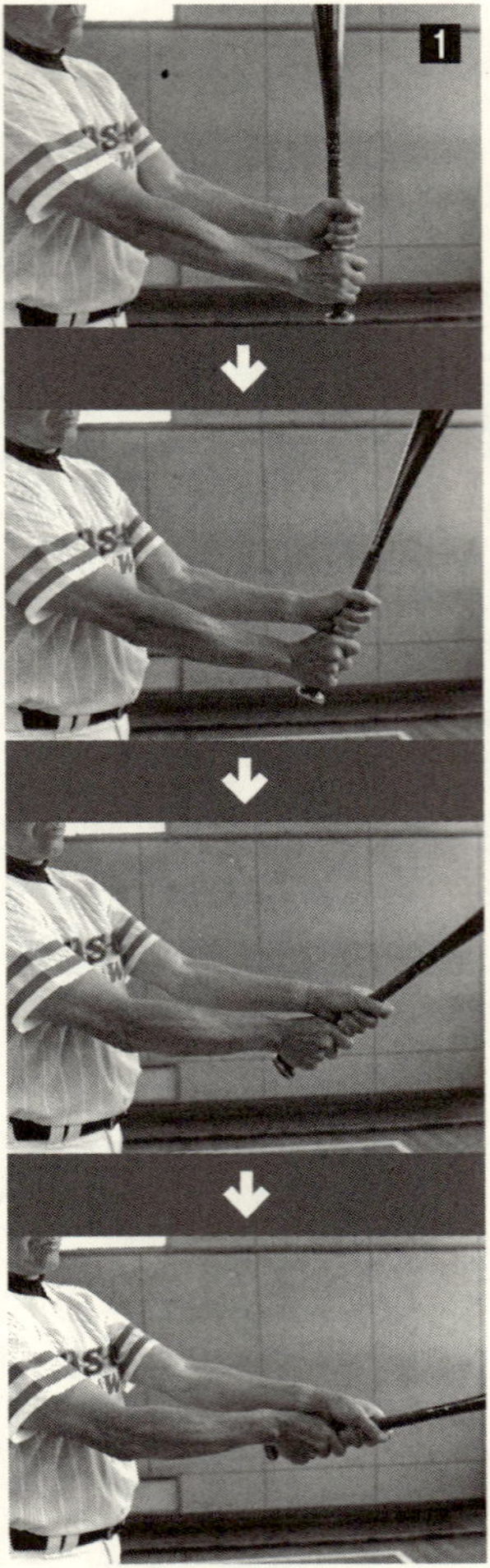

コックをうまく使えると、力が伝わりやすくなる

首のコックを使うことで、ヘッドの重さを生かすことができる。

バッティングで強い打球を飛ばすには、スイングスピードを上げるのと同時に、「ヘッドの重さをうまく使う」のがコツだ。つまり、竹刀やハンマーの要領でバットが振れるようになれば、必ず打球の飛距離は伸びていく。

「打球に伸びがない」

「もっと遠くに飛ばしたい」

そのように感じている人は、ぜひこのコックを利用した「竹刀&ハンマー振り」のバットスイングを体で覚えてほしい。

正しいスタンスの取り方
――オープンスタンスの注意点

バッティングにおけるスタンスは、バッターボックスに対して平行に構える「スクエア」がもっとも一般的で、基本的なスタンスである（次ページ写真1）。

ピッチャーに対してやや開き気味に構えるのが「オープンスタンス」（次ページ写真2）、逆にやや閉じた感じに構えるのが「クローズドスタンス」（次ページ写真3）で、バッティングのスタンスは大きくこの3種類に分けられる。

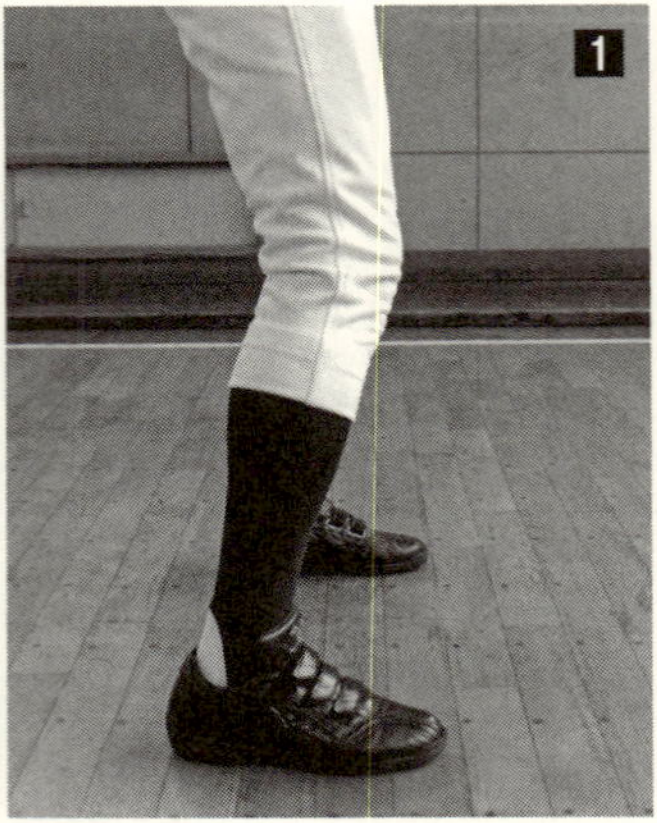

平行に構えるスクエアがもっとも一般的なスタンス

やや開き気味に構えるオープンスタンス

やや閉じた感じに構えるクローズドスタンス

オープンに構えていても、スイング時はスクエアに踏み出すのが正しい

近年、とりわけ多くなってきたのがオープンスタンスで、プロ野球選手でもオープンに構えているバッターをよく見かける（少し前なら元千葉ロッテマリーンズの里崎智也選手や元福岡ソフトバンクホークスの松中信彦選手、現役では横浜ＤｅＮＡベイスターズの筒香嘉智選手など）。

オープンスタンスは構えた時にオープンに構えているだけで、実際にスイングする時に踏み出した足はスクエアとなる（写真４）。

この「正しいオープンスタンス」ならば、ピッチャーのモーションと球筋が見やすくなるので、「オープンにした方がピッチャーが見やすい」という人はオープンスタンスを取り入れてもいいだろう。

オープンスタンスで一番やってはいけないのは、「オープンで構え、踏み込む足もオープンに踏み込む」パターンである（次ページ写真５）。

オープンスタンスのまま足を踏み込んでしまうと体は当然開いてしまうから、インコースは打ちやすくなるが、アウトコースは体から遠くなりすぎてバットが届かなくなる（仮に届いたとしても、当てるだけのバッティングになってしまう）。

なお、体（肩）が開きやすいバッターの「肩が開かなくなる練習法」もあるので、それに関してはＰ１４１を見てほしい。

少年野球などではボールを怖がるあまり、踏み込む足が思いっきり開いてしまっているバッターをよく見かけるが、あのように体が開いてしまう選手には徹底して「スクエアスタンス」を教える必要があるだろう。

あとひとつだけ、オープンスタンスの注意点を述べておきたい。

オープンスタンスは「ピッチャーが見やすい」ことが何よりの利点なのだが、だからといって顔がピッチャー方向に向きすぎるのはよくない。

バッターの顔がピッチャー方向に正対しすぎると、肩が開きやすくなり、真ん中からアウトコースのボールを打つ際に目が追いつかず、打ち損じが多くなるからである。オープンスタンスに構えたとしても、顔の向きはあくまでもやや斜めにしておくようにしよう。

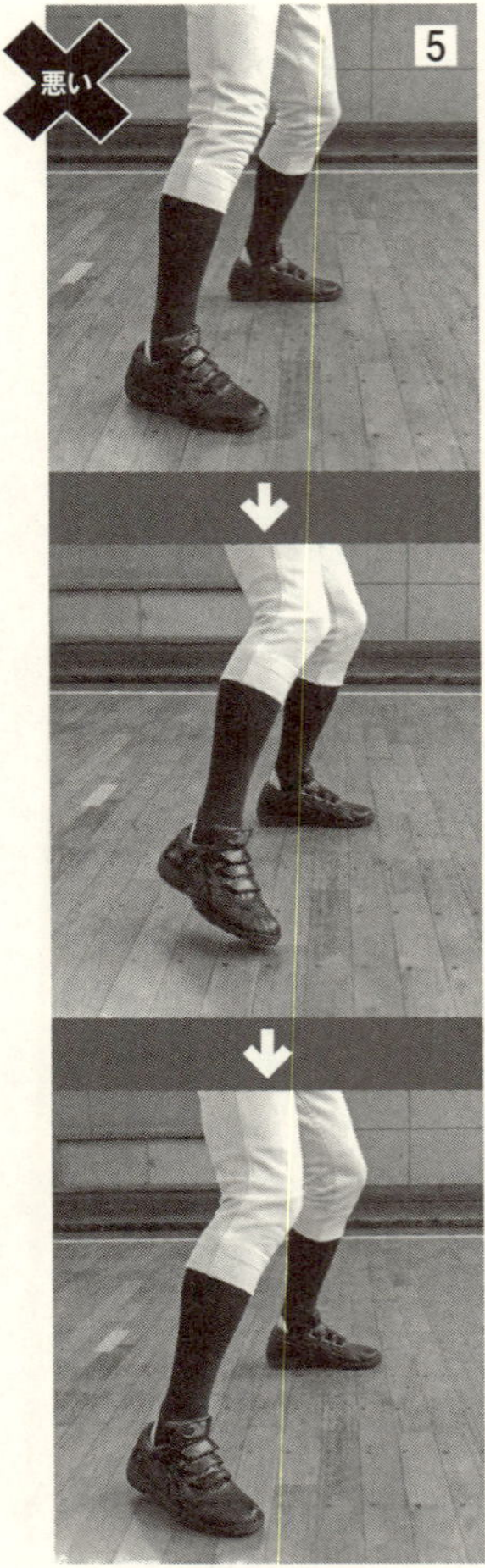

オープンの構えから、オープンに踏み込んではいけない

クローズドスタンスは、インコースに強いバッターや逆方向に打ちたい場合に向いている。特に逆方向へ打つ場合は、足を踏み込めるので打ちやすいと思う。ただ、インコースが打てない、自信がないバッターは絶対にクローズドスタンスはやってはいけない。インコースのボールに詰まってしまうからだ。

また、私は左ピッチャー対策として県相の左バッターには「ピッチャーが左の場合はややオープンに構えろ」と指示をしている。

オープンにすれば当然、ボールは見やすくなるし、左バッターがオープンに構えることによって、左ピッチャーの球筋（ボールの軌道）に合わせやすくなるのである（左のサイドスローピッチャーなどにはなお有効）。

さらに、ピッチャーのボールの軌道に体を合わせるという意味では、ピッチャーが左のサイドスローの場合、右バッターに対しては「クローズド気味に構えろ」と指示を出している。これも先ほどと同様、そうすることでクロスして向かってくるボールに角度を合わせやすくなるからである。

バットを構えた時のグリップは傘を差す位置に——小学生はトップに近い位置で

バットを構える時、グリップを握る後ろの手（右バッターなら右手、左バッターなら左手）の位置は「傘を差す」時と同じくらいの位置がよい。低すぎず、高すぎず、肩よりもやや高いくらいの位置だ（写真1）。あえて付け加えるなら「隣にいる人と一緒に傘に入るくらいの位置」となる。要は「相合傘」をするくらいのイメージで、バットも構えればいいわけである。

後ろの手の位置が決まったら、前の手（右バッターなら左手、左バッターなら右手）はそこに合わせるだけ。これがもっともリラックスして構えられるグリップの位置となる。

バッティングでボールを今から打ちにいく（バットを振り始める）瞬間のことを

グリップを握る後ろの手は、傘を差す時と同じくらいの位置がよい

「トップ」というが、最初の構えはなるべくトップの位置に近い方がいい。そのためにも、傘を差すくらいの位置がちょうどいいのである。

特に小学生のようにまだ腕力が弱い選手は、最初の構えをできる限りトップの位置に近づけるといいだろう。

「目指せ4割バッター――これが正しいスイングだ」

さてここからがいよいよ本番。バッティングのスイングについて話していきたい。

構えた時の正しい立ち方

構えた時の立ち方としては、基本的にはリラックスして両膝には余裕を持たせるといいだろう。体をピタッと静止すると緊張状態となってしまうため、膝や腕などを軽

構えた時の立ち方は、リラックスして両膝に余裕を持たせる

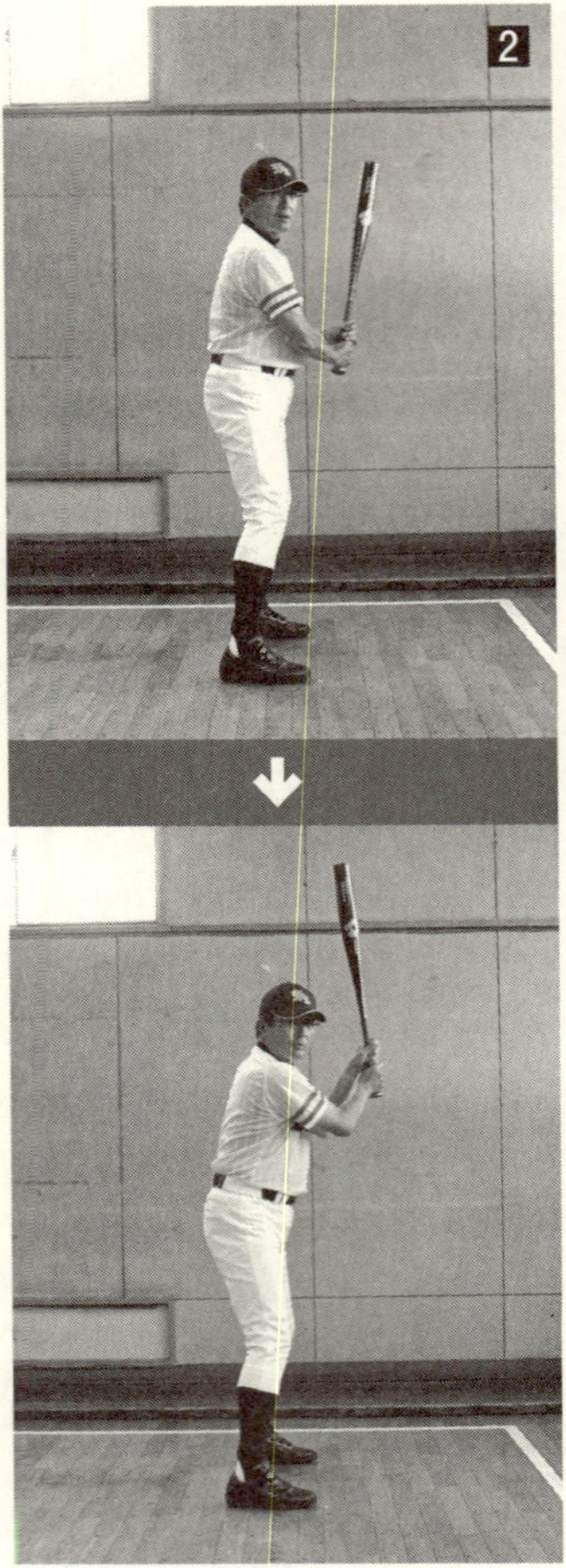

一旦下げたバットを、ゆっくり持ち上げるとリラックスできる

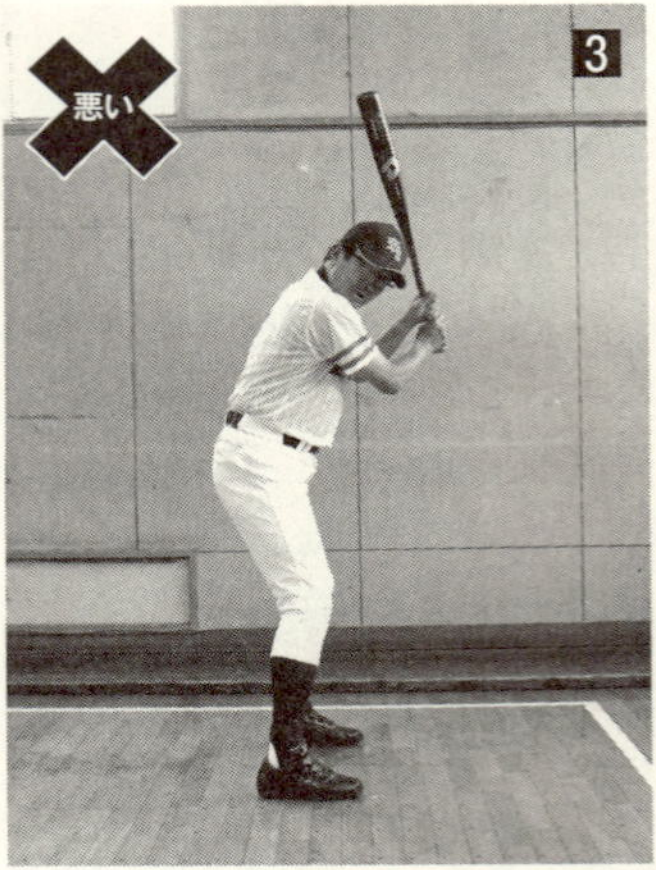

頭の位置は上げすぎも下げすぎもよくない。写真は下げすぎ

顔をちょっと斜に構えていれば体が開きにくくなる

く動かしながら（タイミングを取りながら）立つ方がリラックスできる（前ページ写真1）。

もちろん、肩にも力が入っていると肩甲骨のパワーが発揮できない（後述）のでリラックスした状態にしておくことが大切だ。肩をリラックスさせるには一旦バットを下げて、傘を差すようにバットを構えの位置までゆっくりと持ち上げるといい（写真2）。

また、頭の位置は上げすぎもダメだし、下げすぎもダメ（写真3）。ピッチャーに対して顔をちょっと斜に構え、ボールをやや斜めから見るような感じにすれば体も開きにくくなり、ぎりぎりまでボールが待てて、しっかりと「ため」の利いたバッティングができるようになる（前ページ写真４）。

骨盤を前傾させるとパワーが生まれる
――パワーポジションをしっかりキープ

バッティングのパワーを生み出す構え方、それが「パワーポジションライン」である。パワーポジションラインとは、構えた時ピッチャー方向から見て「肩、膝、つま先」が一直線に並んだ状態をいう（写真１・２）。これはバッティングだけではなく、走塁でも守備でも何か動作を始める時にもっとも力を発揮しやすい体勢といえる。

つまり、肩や膝がラインから大きく外れてしまうと、パワーが出せなくなってしまうのだ。膝が前に出すぎたり（写真３）、逆に膝が突っ立ってしまったり（写真４）する構えはよくない。

バッティングの構えにおいて、このパワーポジションラインをしっかりと作ることが大切なのだが、その際にもうひとつ忘れてはならないのが「骨盤を前傾させる」ことである。骨盤の前部に付いている「背骨と骨盤・股関節を結ぶ筋肉」を「腸腰筋」というのだが、この筋肉は体をひねる際にとても重要で、骨盤を前傾させることでこの腸腰筋がリラック

肩、膝、つま先が一直線に並んだ状態をパワーポジションラインといい、この体勢がもっとも力を発揮しやすい

肩や膝がラインから大きく外れてしまうと、パワーが出せなくなってしまう

スした状態となり、ひねりのパワー（回旋する力）を生み出すことができるようになる。「骨盤を前傾させる」という表現がちょっと難しく感じる場合は「お尻をちょっと突き出す感じ」と言い換えてもいいかもしれない。

骨盤を前傾させるとその分、背中がちょっと反った状態になるのだが、背中は反りすぎてもいけない。なぜなら上半身のパワーを生む源である肩甲骨は、背中が反りすぎても（写真5）、あるいは逆に丸めすぎても（写真6）うまく動かなくなるからである。

背骨がやや反り気味になったとしても、背中はやや丸めてリラックスした状態にする（写真7）。こうすることで肩甲骨が自由に動かせるようになり、後ろ腕（右バッターなら右腕、左バッターなら左腕）のパワーが引き出せるのだ。

後ろ腕が自由になり、力が発揮できるようになれば、アウトコースのボールをしっかりと捉えることができるようになる（写真8）だけでなく、低目のボールにもコンタクトできるようになる。

ここでひとつ注意点を。

肩と首をつなぐ筋肉（僧帽筋）が緊張していると、肩甲骨を自由に使えなくなってしまう。人は緊張するとどうしても肩に力が入ってしまいがちだが、肩甲骨を自由に使うためにも、打席に立ったら僧帽筋はリラックスした状態にしておくようにしよう。

背骨がやや反り気味でも、背中はやや丸めた状態が正しい

後ろ腕が自由に力を発揮できれば、アウトコースを捉えることができる

パワーを生む源である肩甲骨は、背中が反りすぎても丸めすぎてもうまく動かなくなる

ちなみに、私は緊張しがちな選手（構えた時に肩などに力が入ってしまう選手）には、その体勢を取らせ、緊張した状態とリラックスした状態を本人に自覚させるようにしている。緊張している本人は、自分が緊張状態にあることを分かっていない。だから「これが緊張した状態だよ」「これがリラックスした状態だよ」と、手取り足取り教えてあげるのだ。

また、緊張している筋肉を選手同士で触り合い、どういった状態が緊張した状態なのかを実際に確認することもとても大切である。

構えた時のグリップの位置は肩よりもやや上に

構えた時のグリップの位置は先に述べた通り「傘を差す」くらいの位置がベスト（肩の前辺り）。次項で述べるが、一番肝心なのはトップに入った時のグリップとヘッドの位置なので、構えた時の形はある程度自由でいいと思っている。

人によっては「もう少し後ろで高い位置に構えた方がしっくりくる」という人もいるかもしれない。通常よりも高い位置にグリップを持ってきた場合は、高目が打ちやすい。振り出した時にグリップを落としていくテクニックがあれば、高く構えていても低目にも対応可能だから構わない。

だが、グリップを肩よりも低い位置で構える人は、できれば肩と同じくらいの高さにな

真ん中からインコースは、バットのヘッドは首、肩の辺りを通過してミートポイントへ

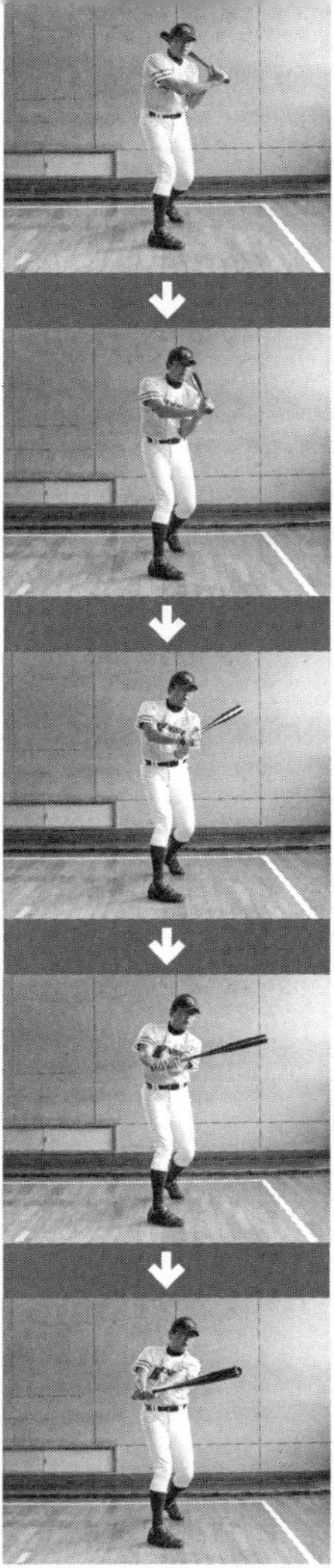

1

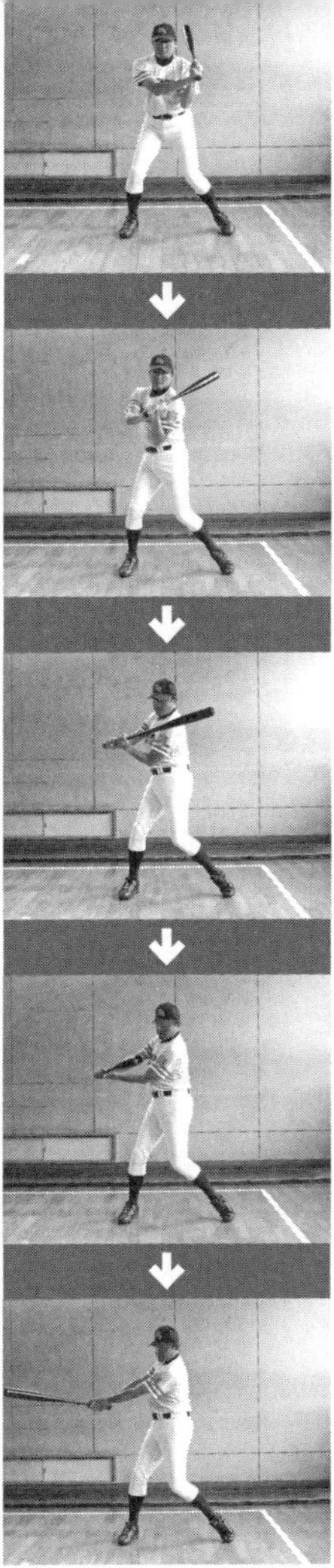

2

アウトコースは、バットのヘッドは肩の下を抜けてミートポイントへ

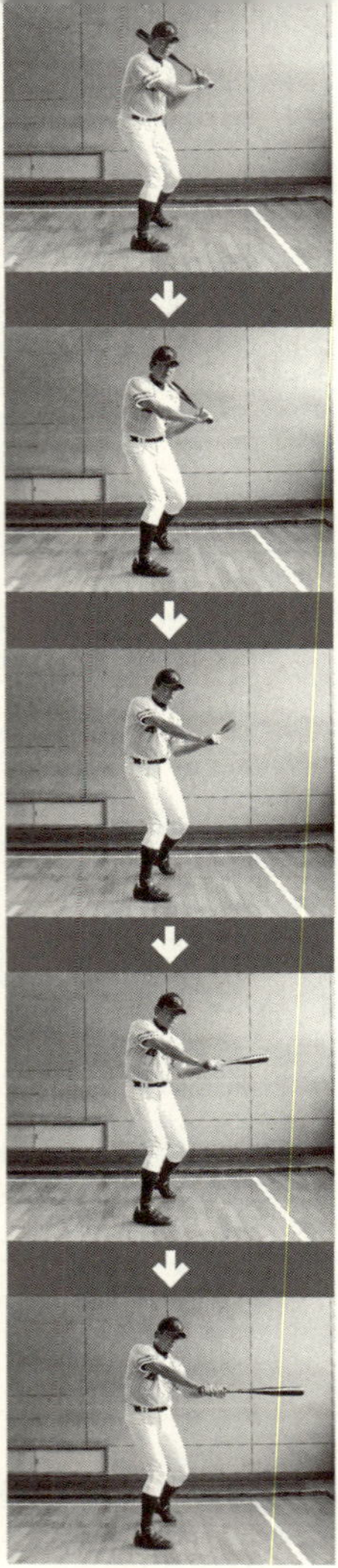

3

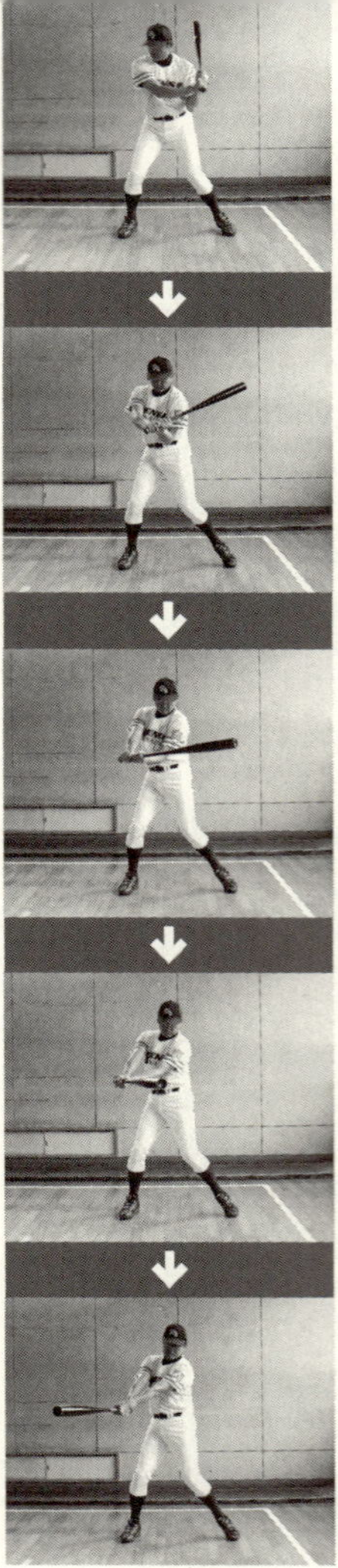

4

るようグリップ位置を修正した方がいい。グリップの位置が肩より低いと、低目のボールは打てるが、高目の速球はまず打てないからである。

その後のスイングの軌道としては、真ん中からインコースの場合、バットのヘッドは首、そして肩の辺りを通って、ミートポイントへと到達する（前ページ写真1・2）。アウトコースの場合は後ろ手の肘を下げながら振り出し、バットのヘッドは肩の下を抜けて、ミートポイントへと到達する（写真3・4）。

トップの位置からバットを振り出す時、一番大切なのは「バットの重さ（下降エネルギー）を利用し、横回転をさらに加速させる」ということだ（私はこれを「位置エネルギーの伝達」と呼んでいる）。

このバットの重さを生かすためにも、構えた時のグリップの位置は、肩と同じか、肩よりもやや上くらいがちょうどいいのである。

トップの位置のバットの角度は前から見ても横から見ても45度

バットを振り始める瞬間の状態を「トップ」というが、トップの位置に入った時のバットの角度（バッターを真正面から見た状態）は45～60度が最適である（次ページ写真1）。

トップの位置に入った時のバットの角度は45～60度がベスト

バットの角度が45度だと、ヘッドがスムースに出て高目にも低目にも対応できる

バットが立っていると、高目のボールに対応できない

ヘッドが入りすぎていると、インコースと速球に対応できない

バッターをピッチャー方向から見た場合も、トップは45 〜 60度が理想

バットの角度を45度程度にすることでヘッドがスムースに出るようになり、高目、低目、両方のボールに対応できるようになる（前ページ写真２・３）。トップに入った時、バットが立ちすぎていても、逆にヘッドが入りすぎていてもバットの出が悪くなる。

まずバットが立っている状態（ほぼ垂直の90度）だと（前ページ写真４）、バットの出が悪くなり、高目のボールに対応できなくなる。

もう一方のヘッドが入りすぎた状態（０～20度程度）になると（前ページ写真５）、今度はバットのヘッドが遠回りして出てくることになるので、インコースのボールに対応できなくなるのに加え、速球にも振り遅れたりするようになってしまうので注意が必要だ。

この45～60度という角度は、バッターを正面から見た状態だけでなく、ピッチャー方向から見た場合にも同様のことがいえる（写真６）。

バッターをピッチャー方向から見た時もバットが立ちすぎていても（90度）、逆に寝すぎていても（０度）いけない（次ページ写真７・８）。

プロ野球の世界でも、大谷翔平選手（ロサンゼルス・エンゼルス）や筒香嘉智選手をはじめ侍ジャパンに選ばれるような超一流の打者は、みな例外なくトップが45～60度の位置を通過している。

トップの位置のバットの角度は、前から見ても横から見ても45～60度。鏡を見ながら素振りするなどして、この角度を体で覚えるようにしよう。

振り始めたら両腕を束にする
――ハイエルボーは左バッターの方が効果的

ここで振り始めた時の両肘、両腕の関係について述べておきたい。

構えからトップの位置に入った時の後ろ肘（右バッターの右肘、左バッターの左肘）は上げすぎず、下げすぎず（締めすぎず）の状態がベストである。前肘は打つ瞬間、後ろ肘

バットが立ちすぎていても、逆に寝すぎていてもよくない

でためたパワーをもらいながらバットを振っていくので、伸ばしすぎず、曲げすぎず、余裕のある状態を保ちながら振るのがいいだろう（次ページ写真１）。

さらにバットを振っていく過程の中で、前肘に後ろ肘が近づいていく。この時「両腕を束にする」ような感覚を持つと、インパクトの瞬間に最大の力をボールに伝えることができる（次ページ写真２）。

肘の使い方の悪い例としては、トップの状態の時に両肘を締めすぎていると体が窮屈になり、この状態ではボールにうまく力が伝わらない（次ページ写真３）。

逆に前肘が空いた状態（脇が空きすぎて前肘が浮いた状態）で振り出すと、打つ瞬間に両腕を束にできず両肘が開いたままインパクトの瞬間を迎えるので、こちらもスイングのパワーがうまくボールに伝わらなくなってしまう（次ページ写真４）。

インパクトの瞬間、体のパワーをうまくボールに伝えるには、「両肘を近づけていく」ことと「両腕を束にする」感覚を忘れないでほしい。

後ろ肘の上がった状態（ハイエルボー）のバッターは多い（特に外国人選手）が、後ろ肘を上げていると勢いがつき、後ろ腕のパワーを使いやすいのが利点なのだが、右バッターより左バッターの方がハイエルボーは向いている（次ページ写真５）。

ハイエルボーがなぜ、右バッターより左バッターに向いているのか。

1

後ろ肘は上げすぎず下げすぎず、前肘は伸ばしすぎず曲げすぎず、余裕のある状態から振り出す

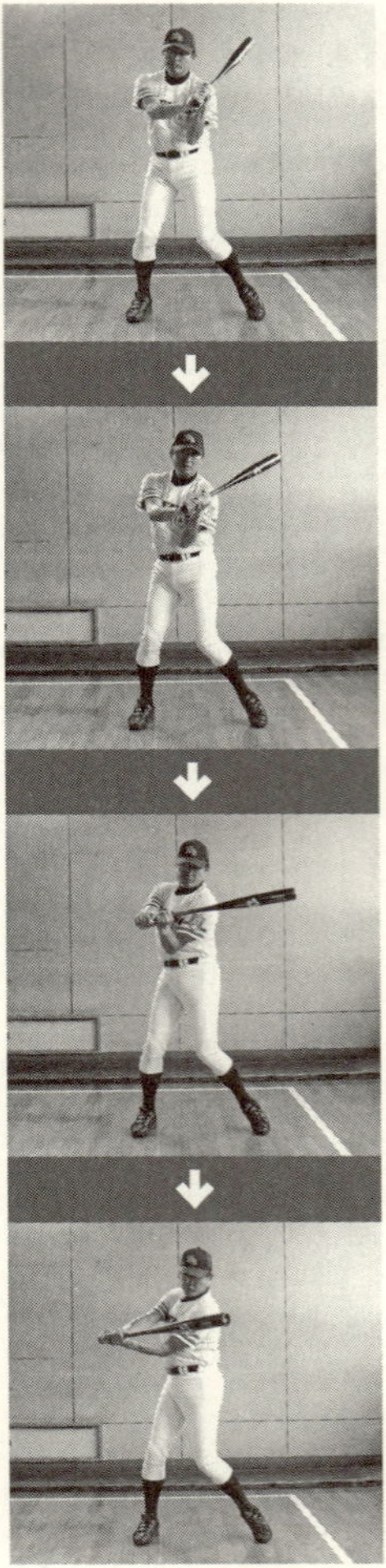

2

「両腕を束にする」感覚で振ると、インパクトで最大の力を伝えることができる

両肘を締めすぎていると体が窮屈になり、うまく力が伝わらない

前肘が空いていると、打つ瞬間に「両腕を束」にできない

ハイエルボーは後ろ腕のパワーを使いやすいのが利点

右バッターのハイエルボーは、回旋のスピードが上がりすぎて体が開きやすくなる

それは人間の「心臓の位置」と関係している。心臓は胸のやや左側に位置するため、人間の体は左への回旋がしやすい構造となっている。

左への回旋がしやすいのなら右バッターに有利になりそうなものだが、ハイエルボーはスイングにより勢いがつくため、右バッターがハイエルボーにすると回旋のスピードが上がりすぎ、体が開きやすくなってしまうと私は考えている（前ページ写真6）。

逆に左バッターは、ハイエルボーにすることによって不利な右への回旋に勢いが付けられ、スイングスピードを上げることができるのである（元メジャーリーガーの松井秀喜氏の構えがハイエルボーだった）。

だから右バッターでハイエルボーの場合は、左肩が早く開きすぎないよう、しっかりとためてから打つスイングを身に付けるといいだろう。

スイングする時、前足の踵と後ろ足の踵を連動させる

前項までは上半身のバッティングに触れてきたので、ここからはバッティングのパワーを生み出す基礎となる下半身の動きに関して説明していきたい。

まず、トップに入った時の重心は軸足（右バッターなら右足、左バッターなら左足）にある（写真1）。そしてそこから前足をピッチャー方向に踏み込み、スイングへと移ってい

トップに入った時の重心は軸足（後ろ足）

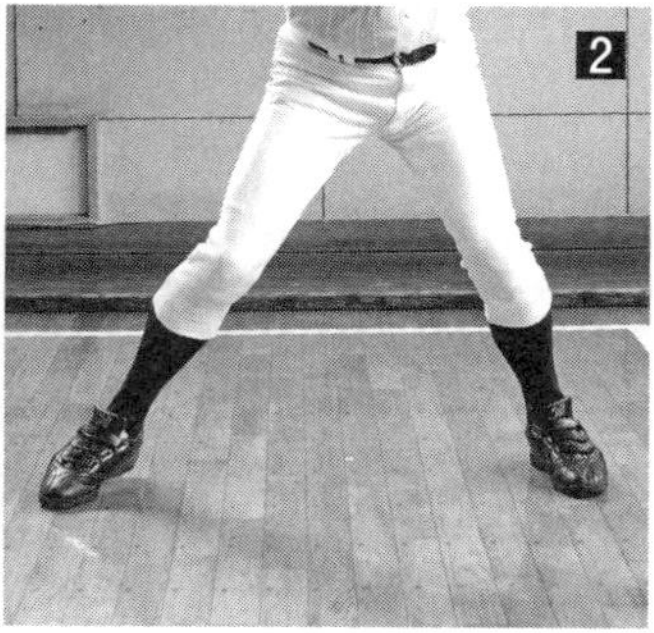

ステップした足のつま先が35～45度がベスト

つま先がスクエアのまま踏み込むと、体が回転しにくくなる

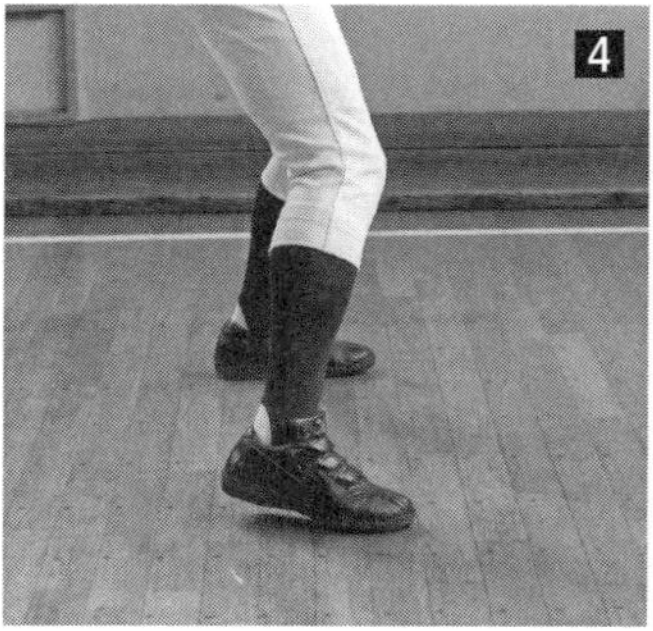

前足のつま先だけ着地することで、そこに「ため」が生まれる

くわけだが、この時のステップした足はつま先が35～45度の角度（右バッターなら一二塁間、左バッターなら三遊間につま先が向くくらい）がちょうどいい（前ページ写真2）。

つま先が0度（スクエアのままの状態）で踏み込んで、骨盤を回転させることができるのならいいが、ほとんどの選手はできない。普通は0度で踏み込むと、その後に体が回転しにくくなってしまうので、つま先の角度には十分注意しよう（前ページ写真3）。

前足を踏み込んだ時、前膝も一緒にピッチャー方向に出てしまうバッターをよく見かけるが、これでは早いタイミングで重心が前足に移ってしまうため、最大のパワーを生み出すことができない。

前膝はあくまでも内側に寄せた状態で前足を踏み出す。そして踏み出した足が着地した時重要になってくるのが「前足の踵は浮いた状態」であることだ（前ページ写真4）。前足のつま先だけ着けることでそこに「ため」ができ、ストレート待ちでも変化球に対応できるようになる。

これが最初からつま先も踵も地面に着いてしまうと、あとは振るしかないので、変化球などにまったく対応できなくなってしまうのである。

そして次の段階として前足の踵が地面に着き、上半身のスイングへとつながっていくのだが、「前足の踵が地面に着く」のと同時に「後ろ足の踵を上げる」ことで、より速い回旋運動が可能となる（写真5・6）。

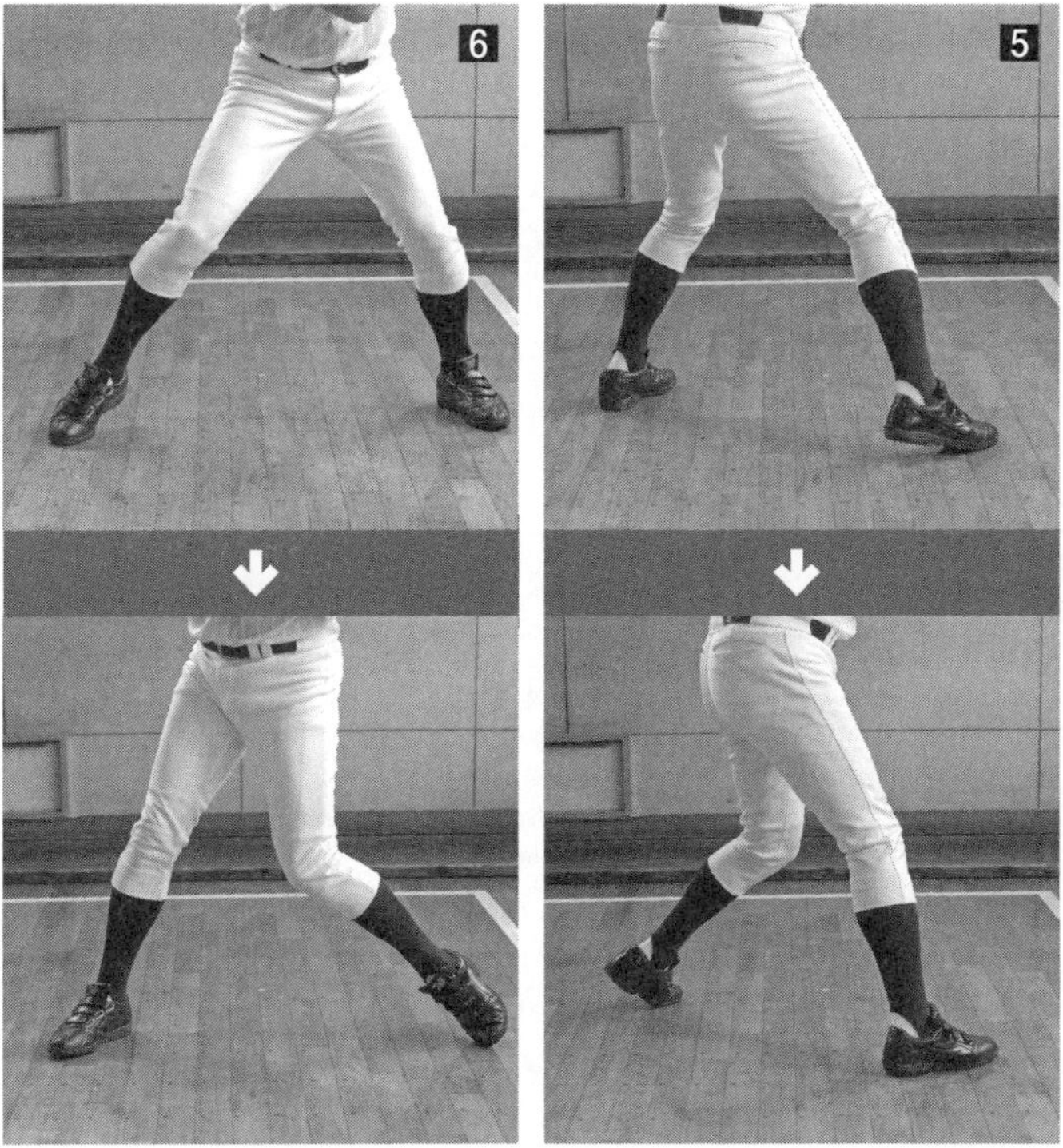

前足の踵が地面に着くのと同時に後ろ足の踵を上げることで、より速い回旋運動が可能となる

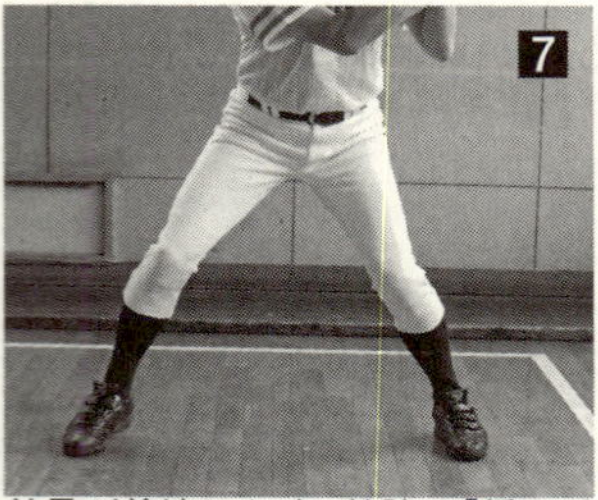

前足が着地した時、前膝は「緩んだ状態」で踏み込むことが重要

前膝が緩んでいると、高目には膝を伸ばして対応できる

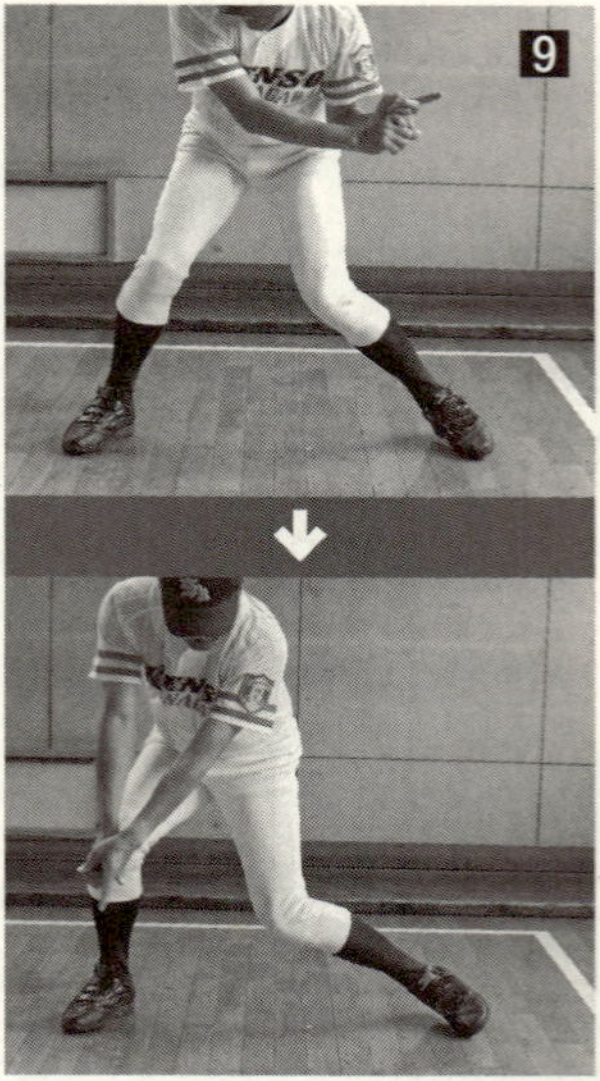

緩みがあることで、低目にも膝を使ってやわらかく対応できる

前膝が伸びきっていると股関節がうまく回転せず、体重移動もきちんと行えない

「前足の踵が地面に着く」→「後ろ足の踵を上げる」

このリレーがしっかりとできれば、下半身の重心の移動がスムースになり、より大きなパワーを発揮できるのである。

前膝は内側に寄せた状態で踏み込む重要性は先ほど述べた通りだが、前足が着地した時、前膝が前に行かず、かといって伸びきってもいない「緩んだ状態」で踏み込むことがとても大切だ（写真７）。

この「緩んだ状態」があることによって、高目にボールが来たら膝を伸ばして対応できるし（写真８）、低目に来た時にも膝を使ってやわらかく対応できるのだ（写真９）。

前膝が伸びきった状態で着地すると、股関節がうまく回転せず、軸足から前足への体重移動もきちんと行うことができない（写真10）。「前膝の緩み」があらゆるコースへの対応を可能にし、バッティングのパワーを生み出すということを覚えておこう。

後ろ足から前足へのリレーでより大きなパワーを生み出す

軸足（後ろ足）に乗せた体重が前足に移る時、軸足の膝を使うとより大きなパワーを生み出すことができる。

後ろ足の膝を内側にひねりながら前膝に近づけていく（この時使うのは両足の内転筋）

のだが、両太ももの内側、そして両膝を近づける感覚で、重心の移動を行うといいだろう（写真1）。

後ろ膝がひねりながら前に向かっていく時、前膝も一緒に前方に向かっていってはいけない（写真2）。これでは下半身のパワーがためられないし、体も早く開いてしまって上半身の力も使えなくなるからだ。

後ろの膝をひねる時、一番意識するのは軸足の親指の付け根（母指球）である。さらに言えば、軸足の親指、人差し指、中指を意識し、この3本の指を地面にねじ込むような感じで膝をひねる（写真3）。

私は以前から、選手たちに「いいスイングで遠くに飛ばしたいなら、地球からパワーをもらうイメージで振れ」と教えている。

軸足から前足へのリレーは、バッティングにおいてとても重要な部分であり、軸足でしっかりと大地を感じることで、より強くより速いスイングが可能となるのだ。

インパクトの後、スイングの後半で股はしっかりと閉じられるが、この閉じられるまでの間にスイングスピードを加速させるためのパワーが生まれるので、軸足から前足へ重心を移動させる練習を繰り返し行うようにしてほしい。

両太ももの内側と両膝を近づける感覚で重心移動を行うといい

前膝も一緒に前方に向かっていくと、下半身も上半身も力が使えない

軸足の親指、人差し指、中指を地面にねじ込むような感じで膝をひねる

スイングはレベルスイングが基本

ここからは、スイングの基本をお話ししたい。

よく言われることだが、スイングの基本は「レベルスイング」である（写真1）。レベルスイングとは「地面と平行にバットを振る」ということで、強い打球を飛ばしたいのなら、アッパースイングでもダウンスイングでもいけない。

近年、県相に入ってくる選手を見ていて思うのは、高目のボールを下から打つ（アッパースイング）選手が多いことだ。そういった選手は低目を捉えるのはうまいのだが、高目をアッパーでヘッドを下げた

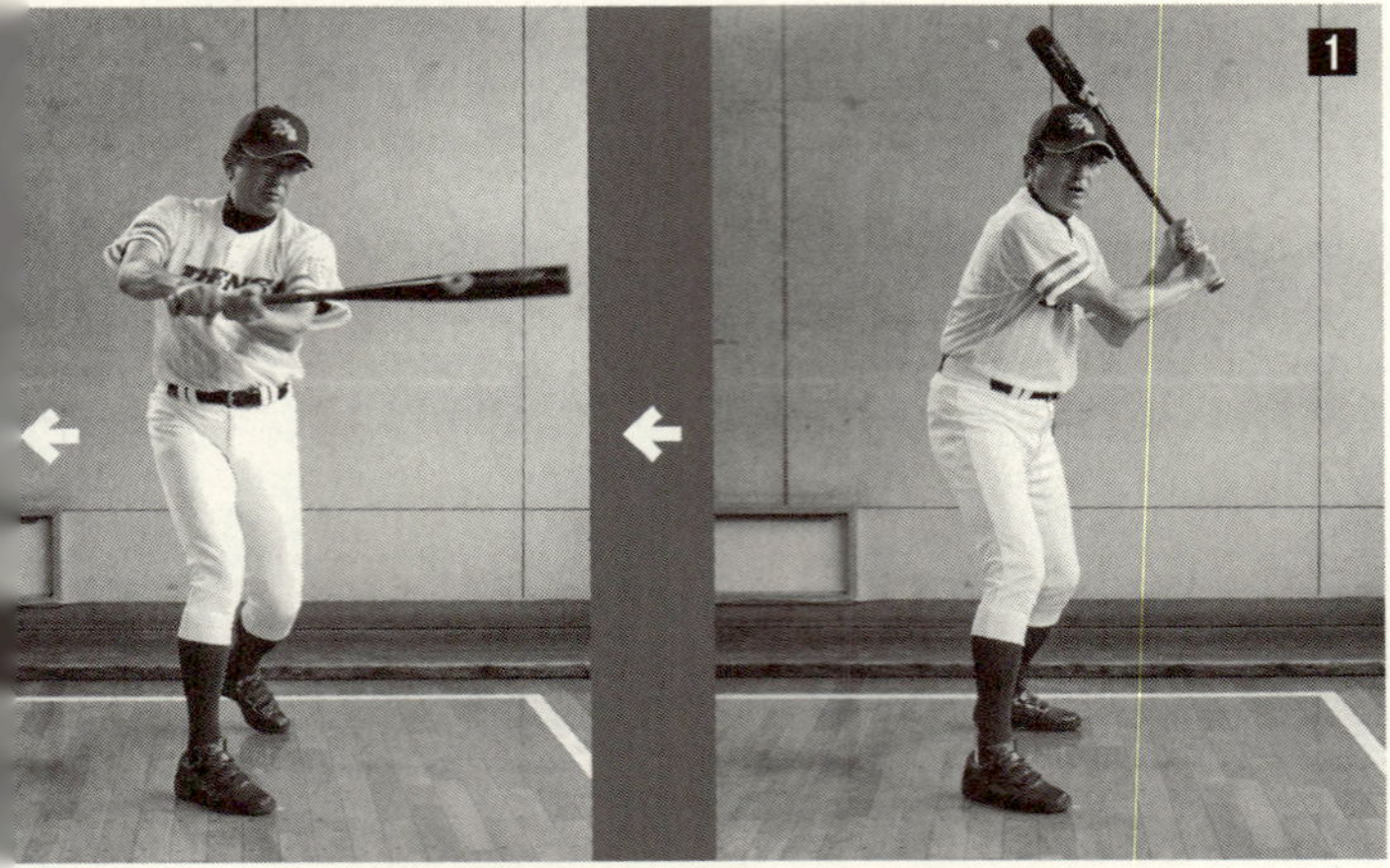

スイングの基本は、地面と平行にバットを振るレベルスイング

状態でスイングしているため、どうしても凡フライが多くなってしまう（次ページ写真2）。

レベルスイングは「地面と平行」という意識が強すぎると、どうしてもヘッドが下がってしまう。これはバットの振り始めから、バットのヘッドとグリップの高さが同じになってしまうからである（次ページ写真3）。

「レベルスイング」とはいえ、振り始めはバットのヘッドが立った状態で、グリップは当然、下げながらスイングしなければならない（次ページ写真4）。この時、肘とグリップをやや下げるイメージで振り出すのが大切で、肋骨を閉じる（肋間筋を収縮させる）ような感覚を入れるとさらにスイ

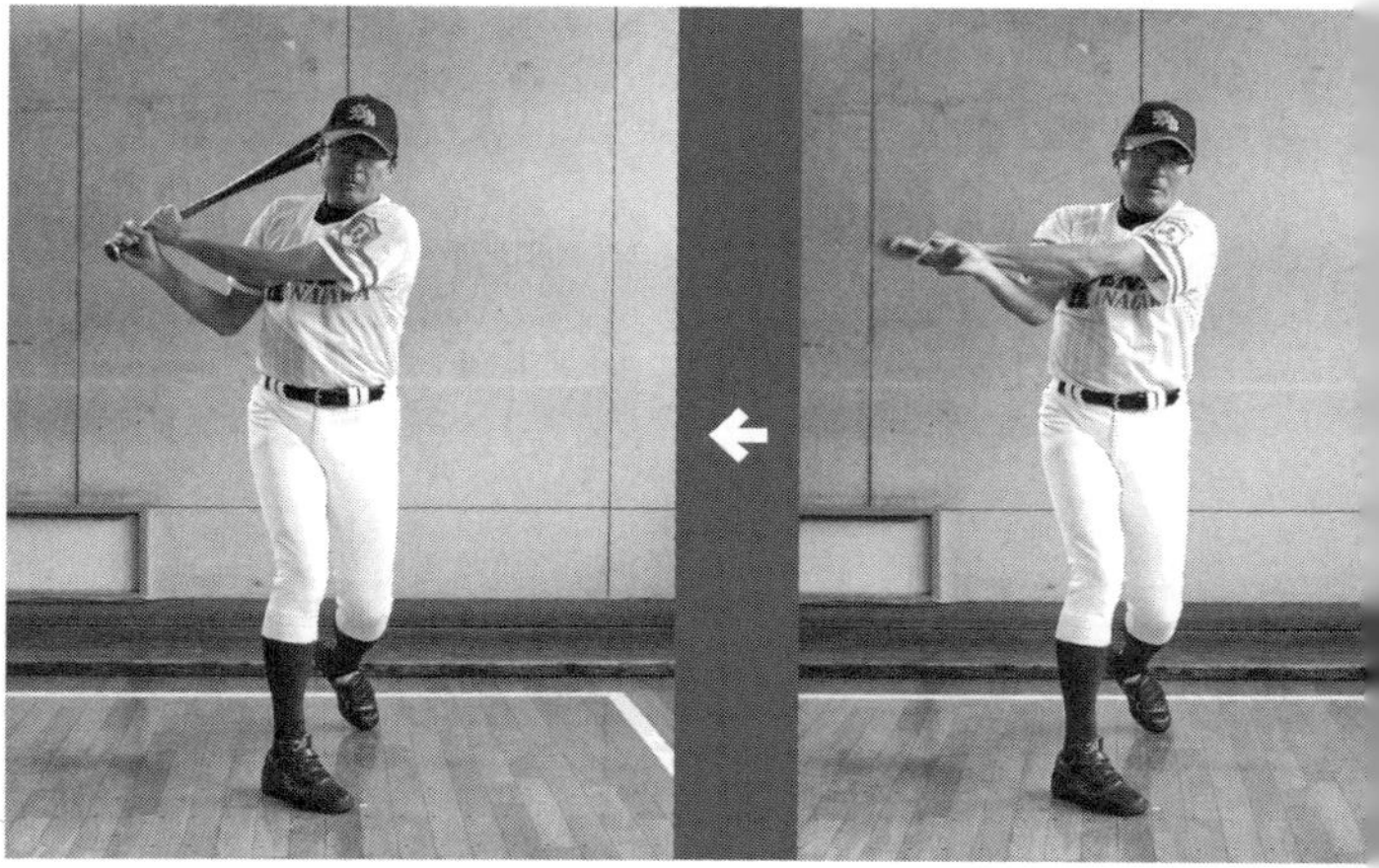

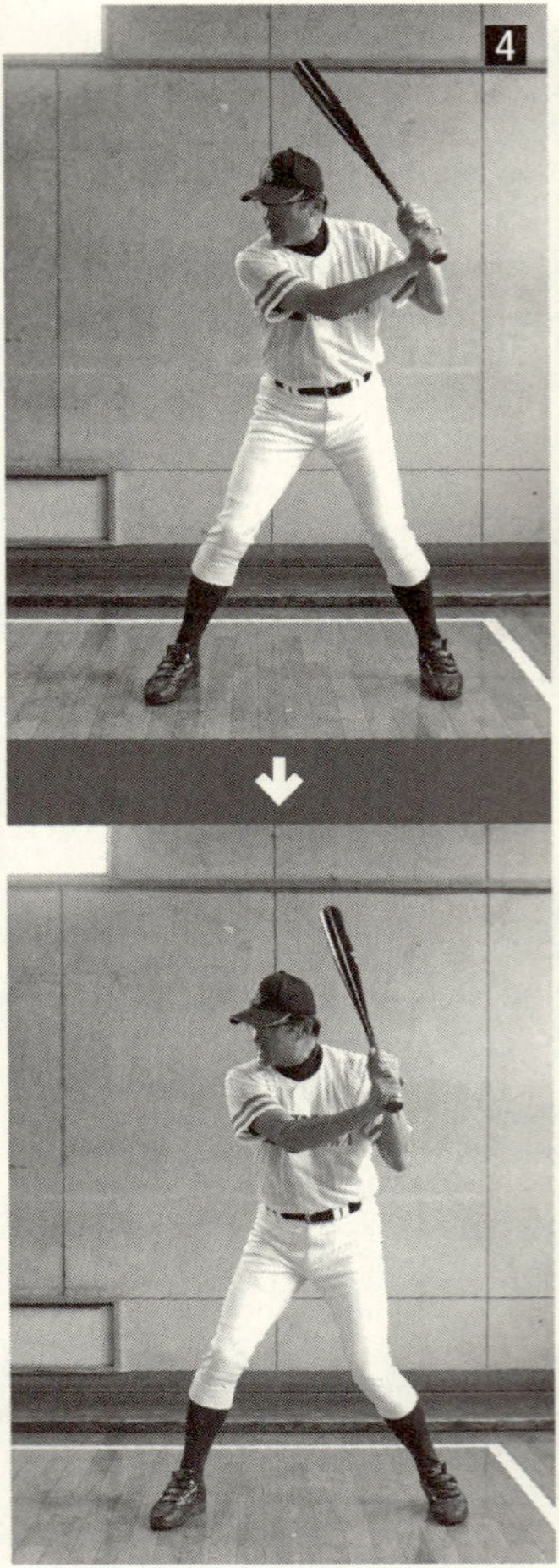

振り始めはヘッドが立った状態で、グリップは下げながらスイングする

アッパーだとヘッドが下がって凡フライが多くなる

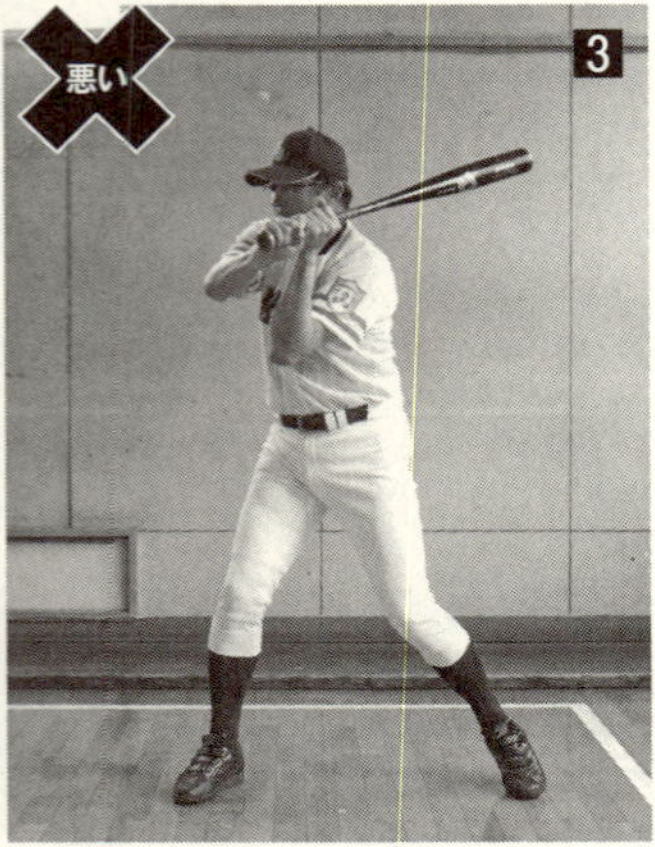

振り始めからヘッドとグリップの高さが同じになってはいけない

ヘッドはしっかり立った状態でレベルスイングに入っていくのが正しい

ングスピードが上がる。

そして、そのスイングが徐々に進んでいくに従い、「地面と平行」の「レベルスイング」となっていくのだが、バットのヘッドはしっかり立った状態でレベルスイングに入っている（写真5）ので、高目のボールも強烈なライナーとして飛ばすことができるのだ。

では正しいレベルスイングを覚えるにはどうしたらいいのか。それを次項でご説明していこう。

レベルスイングの覚え方

県相野球部に入ってくる新入生を毎年見ていて思うのは「レベルスイングがしっかりできていない」ということである。だから私は、まず1年生に「レベルスイングの軌道」を徹底的に覚えさせる。そのための練習方法をここでご紹介したい。

県相の「レベルスイング練習」に使っているのは、ボール止めに使っている高さ1メー

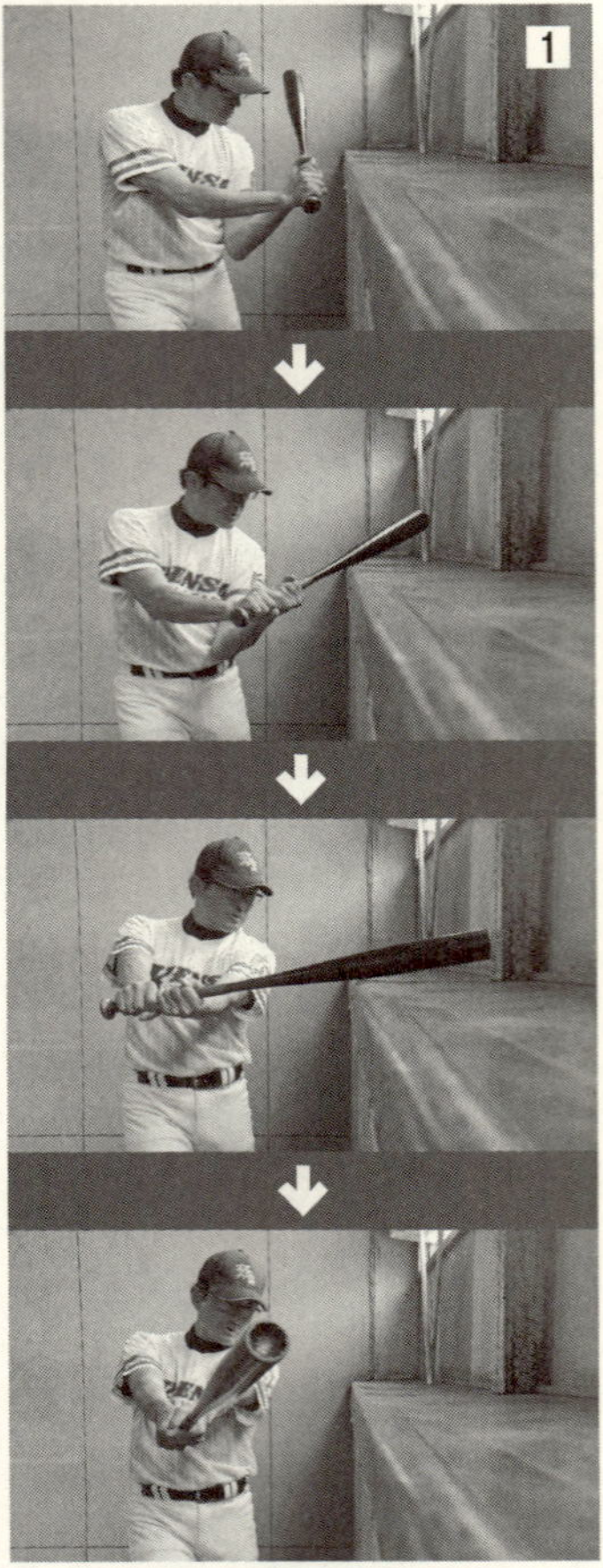

腕が伸びた辺りでグリップとバットが同じくらいの高さになるのが正しいレベルスイング

トルほどの移動式フェンスである。このフェンスの上をなぞるように、ゆっくりとスイングしていく。ロープやゴムひもなどを使って、選手それぞれの高さに応じて代用してもいいし、屋内で練習するなら武道場にある畳などを立てて使ってもいいだろう。

レベルスイングを覚える時、高目を意識してスイングすることが重要なので、どんな方法でやるにしろ、「高目」でスイングするようにしたい。

正しいレベルスイングを覚える上でのコツは「グリップをバットと同じ高さに持っていかない」ということである。グリップの位置はバットよりもやや下げた位置でしっかりと振り出し、腕が伸びた辺りでグリップとバットが同じくらいの高さになる（写真1）。その意識で「ゆっくりと何度も」スイングを繰り返すことが大切だ。

打球に勢いをつける「コック」と「リストターン」の練習方法

続いて、インパクトの後のリストターン（手首の切り返し）と、その後のフォロースルーに関して、順を追って説明していきたいと思う。

ボールを捉えるインパクトのポイントは「へその前」が鉄則である。そしてその「へその前」でリストターンが始まり、フォロースルーの動きにつながっていく（次ページ写真

1)。リストターンを体に覚えこませるには、まずは低目のボールを打つ感覚でリストターンを何度も練習するといいと思う。

リストターンの練習法は簡単だ。

バットを下に下ろし、へその前で振り子のように左右に振る。それを徐々に上の方に上げていき、真ん中の高さのリストターン、高目のリストターン、さらにはインコース、アウトコースをイメージしながらバットを振り続ける（写真2）。

これを繰り返すことによって、リストターンの感覚を体で覚えることができる。

どの高さ、どのコースにしても、リストターンするのは「へその前」である。そしてこ

リストターンは「へその前」が鉄則

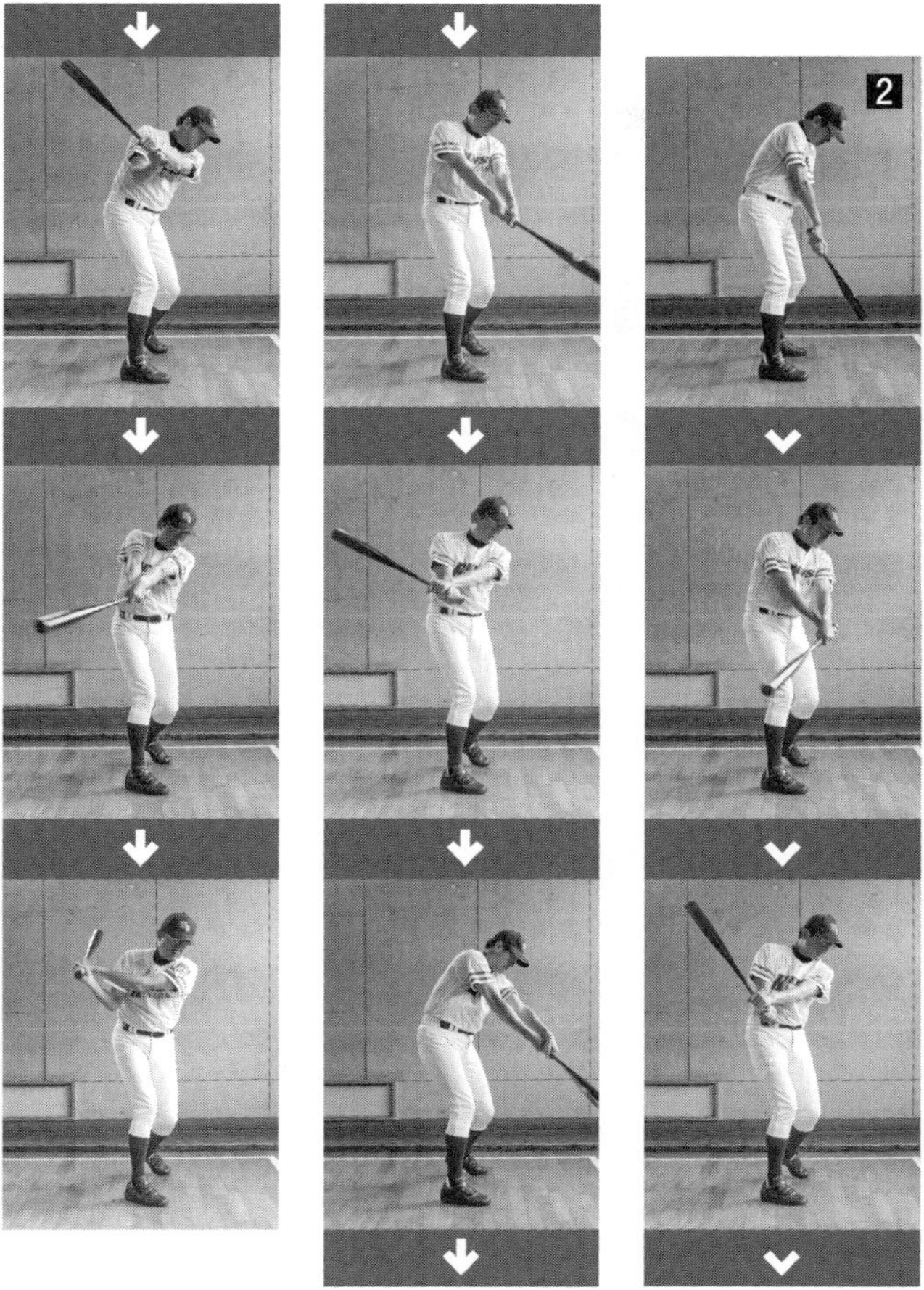

バットを下に下ろし、へその前で振り子のように左右に振る。それを徐々に上げていき各コースをイメージしながらリストターンの練習をする

のリストターンこそが打球に勢いをつける（スイングを加速させる）最後の動きとなるので、素早いリストターンを何度も練習して体で覚えるようにしよう。

スイングは前を大きく——フォロースルーがとても大切

長打力のあるバッターに共通している「バットとボールがコンタクトしている時間を長くする」、あるいは「コンタクトできるポイントをたくさん持つ」という意味において、フォロースルーを大きくするということはとても大切である。

「コンタクトできるポイントをたくさん持つ」とは図Aのようなことだ。前の大きい人はボールを捉えるポイントがたくさんあるが、スイングの小さい人は当たるポイントがひとつしかない。

スイングの前が大きい。

これがよく言われる「バットをボールに乗せる」というスイングである。

ボールにスイングのパワーを正しく伝えるには、バットスイングの速さとバットがボールを捉えている瞬間が大切になる。当たった瞬間にすぐにリストターンするのではなく、

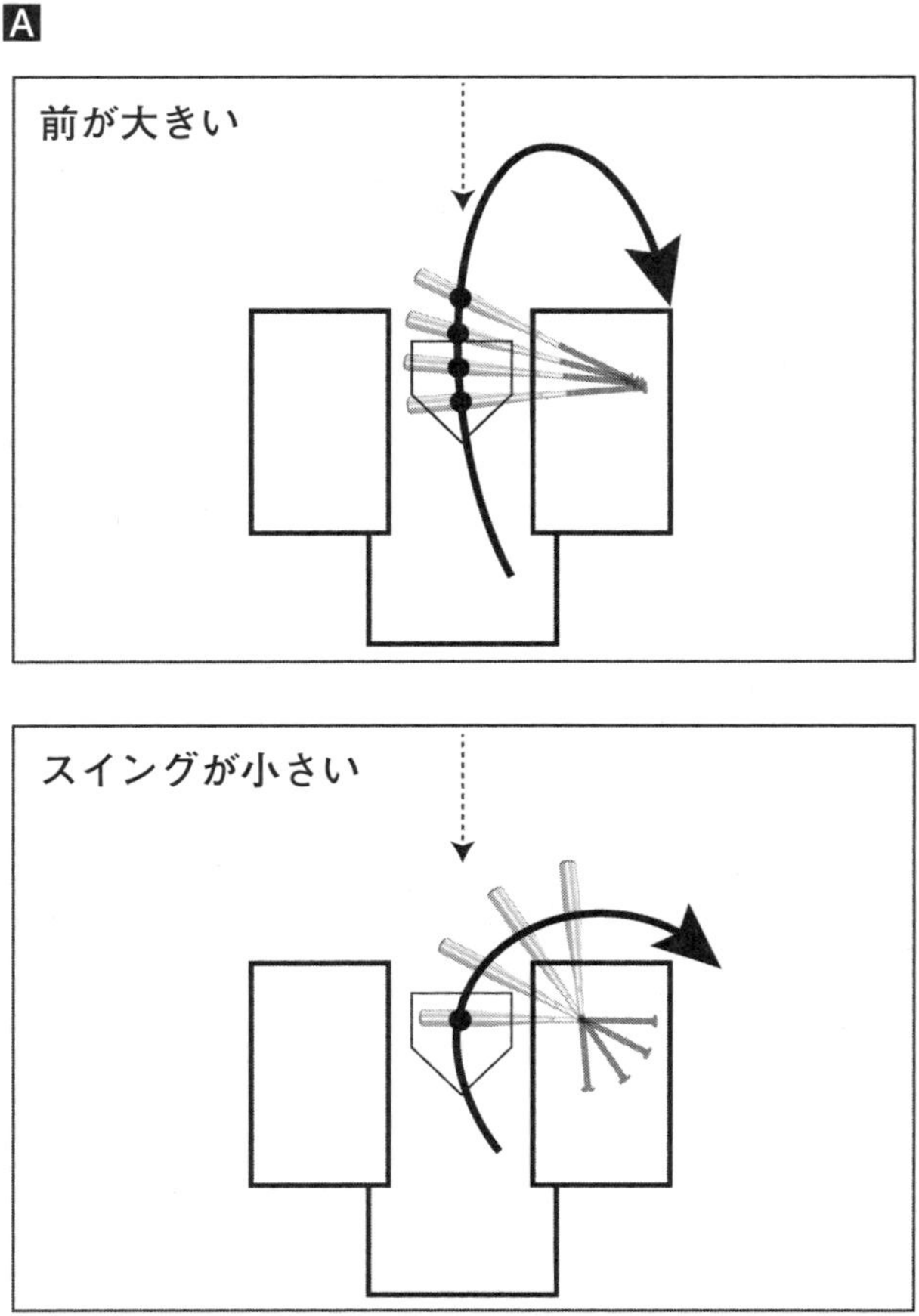

スイングの前が大きいとボールを捉えるポイントが多いが、スイングが小さいと当たるポイントがひとつしかない

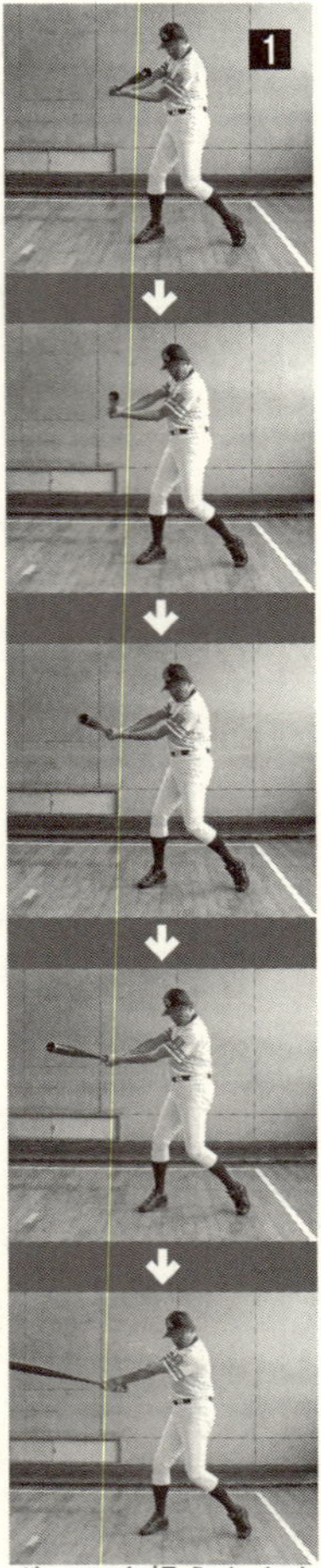

ボールを捉えたまま前にバットを持っていき、その後リストターンをするとパワーが生まれる

高目はレベルのまま振り切って、肩口にバットの先端を持ってくる

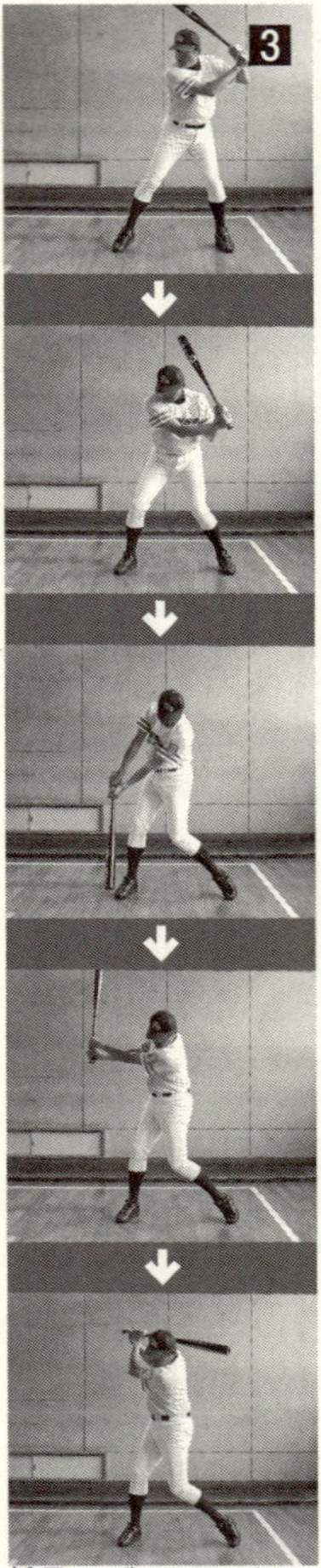

低目はゴルフスイングに近い軌道で振り、最終的に肩の上に持ってくる

捉えたまま前方向にバットを持っていき、その後にリストターンをする（写真1）。

プロ野球選手だと、福岡ソフトバンクホークスの柳田悠岐選手はスイングの前が大きく、上手にバットのしなりを利用してボールを運んでいる選手だといえるだろう。この飛ばし方は、軟式バットで芯の部分に特殊素材を使用しているビヨンドマックスなどで、ボールとバットがコンタクトしている時間を長くして打つのと同じだ。

注意点は、打つコースによってフォロースルーの軌道およびスイングの最終地点が違ってくることだ。高目は、インパクトの後に上に振り上げて肩の上に持ってくるのではなく、レベルのまま振り切って肩口辺りにバットの先端を持ってくる（写真2）。低目は、グリップをやや落としながらゴルフスイングに近い軌道でバットを振り、最終的に肩の上に持ってくるのが正しい（写真3）。

トップとフォロースルーさえしっかり決まれば、その過程である「スイング」がしっかりと決まってくる。安定したバッティングができるようになるためには、トップとフォロースルーの形をまずはしっかりさせるようにするといいだろう。

前を大きくするスイングの練習法

スイングの前を大きくするには、スイングスピードを上げることはもちろんだが、意識付けとしてこれから紹介する練習方法がおすすめである。

バットを片手で構え、ピッチャー方向にバットを伸ばす。その時にバットの先端がギリギリ付く場所にネットなどを置く（写真1）。その状態で素振りを繰り返す。その際、バットが大回りして前に出ていくのではなく、体に巻きつくような感覚でインコースのボールを打つ意識でバットを前に出していくといい（写真2）。

最初は片手で始め、慣れてきたら両手でスイングするようにすると、小学生などでも大きなフォロースルーを覚えやすいだろう。その際は、片手でバットを振るため、プラスチック製のオモチャのバットを使ってもいいと思う。

肝心なのは、当然のことだが、最終的には片手ではなく両手でしっかりと振り切ること。これを忘れないでほしい。

また、その他の練習方法として「バット投げ」もおすすめだ。

「バット投げ」はその名の通り、素振りをしながらバットをピッチャー方向に放り投げるだけ。簡単そうな練習だが、まったくやったことのない人にこの練習をやらせると意外にバットが前方向に飛んでいかない（引っ張り気味にバットを放り投げる人が多い）。

傷が付いてもいい使い古しのバットなどを使い、できるだけ遠くにバットが飛んでいくよう、何度も繰り返してほしい。

バットの先端がギリギリ付く場所にネットなどを置く

体に巻きつくような感覚で振り、バットを前に出していく

タイミングを取る時の重心

バッティングのタイミングの取り方で一番重要なのは「自分がピッチャーにタイミングを合わせる」ということである。

ピッチャーはバッターのタイミングに合わせて投球するわけではない。タイミングを合わせるのは「バッター」だということを忘れてはいけない。

ピッチャーによって投げ方も違うから、当然のことながらタイミングの取り方もピッチャーによって変えなければならない。だから試合前、ブルペンで投球しているピッチャーの様子を伺いながらタイミングを取ったり、あるいは打席に入る前、ネクストバッターズサークルでピッチャーとしっかりタイミングを合わせるなど、事前の準備がとても大事になってくる。試合前にボケッとしていたり、ネクストバッターズサークルで何も考えずに座っていたりしてはダメなのだ。

ピッチャーとタイミングを合わせる時、一番意識しなければならないのは自分の軸足である。そのピッチャーによって、バッターが自分の軸足を動かすタイミングも変わるが、タイミングを取り始めたら「自分の軸足に股関節をひねりながらはめ込む」という意識を持つといいと思う。

「自分の軸足に股関節をひねりながらはめ込む」とは、簡単に言えば軸足に体重を乗せることなのだが、大きなパワーを生み出すためには、この「軸足に股関節をはめ込む」という感覚が必要だ。

軸足に体重を乗せ、テイクバックによって前腕に張りを作る（写真1）。この前腕の張りによってバットとボールの間に距離感が生まれ、この距離感が上半身のタイミングとスイングスピードの元となる。前腕を張らず、バットとボールの間に距離感が生まれないとスイングスピードは速くならない。

かといって前腕を張りすぎても、今度は各コースにバットコントロールすることが難しくなるため、「伸ばしすぎず、曲げすぎず」の「適度な前腕の張り」が重要となる。

そしてテイクバックの基本は、前足と前腕の動きを同調（シンクロ）させること。前腕を張った時には前足もキャッ

軸足に体重を乗せ、前腕に張りを作ることによってスイングスピードが生まれる

チャー方向に引く状態となる（写真2）。

このテイクバックを徒競走のスタートにたとえれば、最初の構えが「位置について」にあたり、テイクバックは「用意ドン」の「用意」にあたる。「ドン」で振り出した時、ボールにしっかりタイミングを合わせるには、やはりそのピッチャーに合わせて自分でタイミングをつかんでいくしか方法はない。

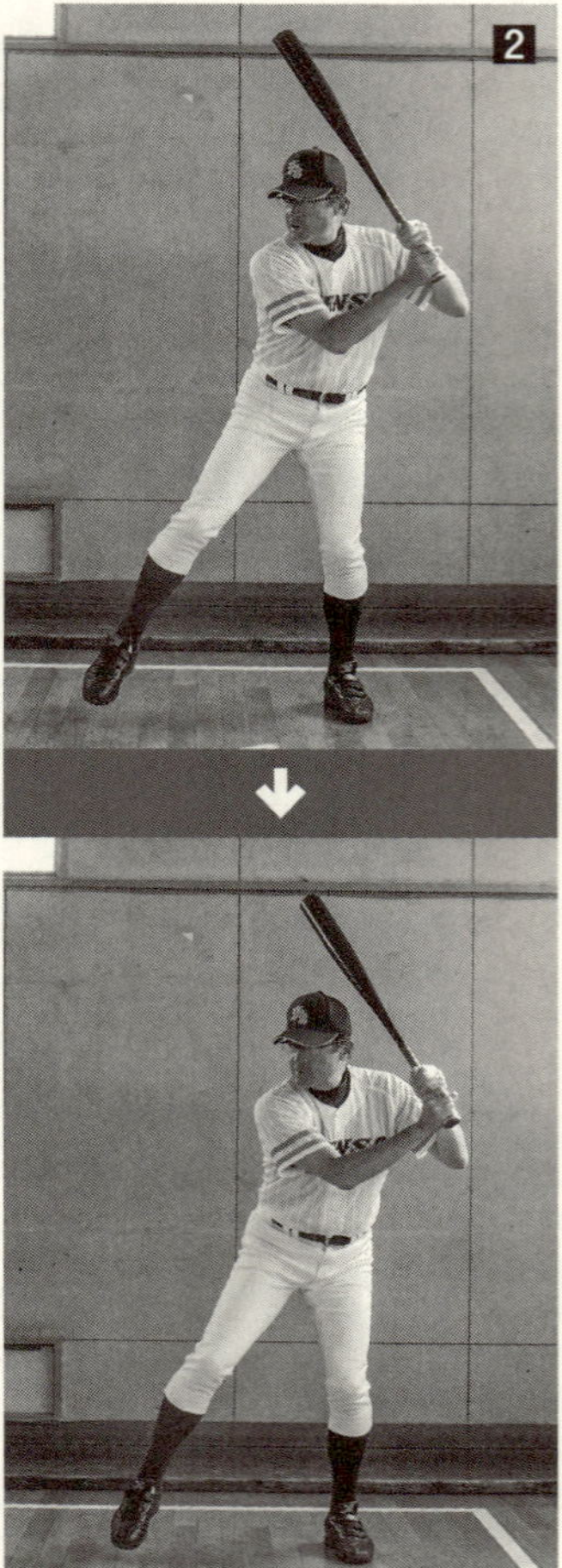

テイクバック時には、前足と前腕の動きを同調させるのがポイント

また、タイミングを取る時の足の動きには「足を上げる」のと「すり足」の2パターンがあるが、私は基本的にその選手に合っていればどちらでもいいと思う。

だが、相手ピッチャーが速球派の場合、バッターに「すり足にしろ」と指示を出すことはある。足上げだとどうしても足が着地してからボールを見る時間が短くなってしまうので、その〝間〟を作るためにあえてすり足にさせるのである。

また、すり足と足を上げるステップでは、飛距離に差が出てくるのかというと、私はそれほど差は出ないように思う。

ただ、足を上げる打法で下半身のパワーをちゃんとボールに伝えることができている選手に対して、無理にすり足を強制する必要はないと思う（すり足にすることで飛距離が短くなる可能性もなくはないので）。

前足で楕円を描くようにタイミングを取る

ピッチャーの動きに合わせてタイミングを取る時、前足は楕円（もしくはアルファベットの小文字のℓ）を描くように動かすと体が開くことなく足を踏み出すことができる。

具体的に言えば、図A（次ページ）のように構えた前足を線に沿うような感じで、楕円を描くように動かしながら踏み込んでいくのである。

楕円を描くように足を踏み込むことによって、重心の移動がスムースになるだけではなく、軸足にはめ込んだ「ため」ができるため、体が前に突っ込みにくくなる。

また、先ほども述べたが、前足はつま先が35〜45度くらいの角度（右バッターなら一二塁間、左バッターなら三遊間に向くくらいの角度）で踏み込むと、軸足から前足への体重移動と腰の回転がスムースにできるようになる。

前足を後ろ足と平行（スクエア）のままで踏み込むと腰が回転しづらくなってしまうので注意しよう。

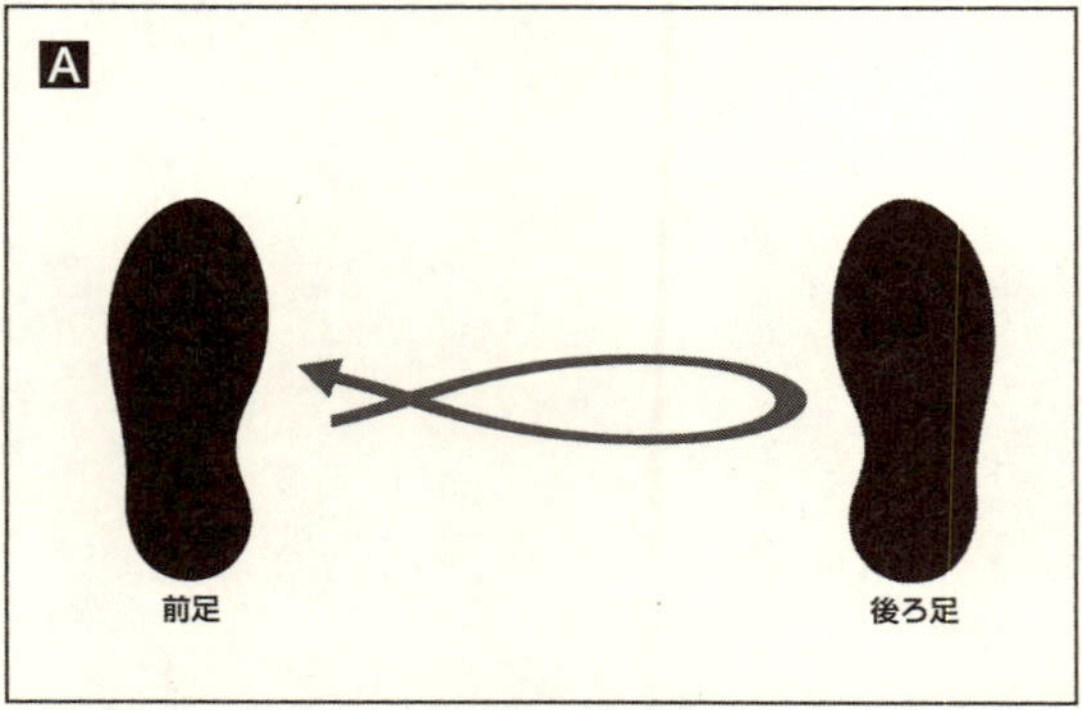

ピッチャーとのタイミングを取る時、前足はアルファベットの小文字のℓを描くように動かすと、体を開くことなく足を踏み出すことができる

第2章

超攻撃的バッティング論　実戦編

コース別・球種別・タイプ別・状況別の打ち方

［打つポイントを覚えるためのバント練習］

本章ではより実戦的に、コース別、球種別の打ち方とそのコツをお教えしたい。

特にコース別の打ち方では、打つポイントが高さやコースによって異なるのだが、その「打つポイント」を確認する上で有効なのが「バント練習」である。

私は戦術としてのバントはあまり好まないのだが、それでも選手たちにバント練習はさせている。だが、そのバント練習も「バントの技術を磨く」というのも一応はあるが、「バッティングのポイントを確認する」ことの意味合いの方が大きい。

なぜなら、バッティングでボールを捉えるポイントは、バントのポイントと一緒だからである。

だから右バッターの場合、インコースはサード方向に、真ん中はピッチャー方向に、アウトコースはファースト方向に転がすように練習する。そうすることで、インコースはどこで打つのか、アウトコースはどこで打つのか、それを確認しながら体で覚えることができる。そういう理由から、バッティングのミートポイントを確認するためには、バント練習がとても有効なのだ。

[コース別の打ち方]

インコースの打ち方――前肘を抜いて打つ

インコースを苦手にしているバッターは割と多いが、一番打ちにくいのはインコースのベルト付近である。インコースのベルト付近のボールに対してはヘッドを立てながら始動し、肩の上からヘッドが出てくる感覚でバットを振るといい。

そして、インコースのボールを打つ時、重要なポイントとなるのが「前肘の使い方」である。

インコースを苦手にしているバッターは、真ん中のボールを打つような感覚でバットを振っているので、どうしてもバットの根元で打つことが多くなり、どん詰まりの打球が多くなる。

一方、インコースを上手にさばくバッターは、腰の回転より先にグリップと手がへそを越え、前肘を外側に引きながら（外側に抜くような感じで）スイングをする（次ページ写真1）。こうすることでバットの芯がインコースに来る。さらに後ろ腕の力で押し込めば、いい当たりが打てるのだ（次ページ写真2）。この時、後ろ腕の肘と後ろの膝から骨盤までの下半身の動きを同調させるようなイメージで回旋していくと、より大きなパワーが生まれるだろう。前肘を外側に引く時は、脇を開いた方がやりやすいと思う。

私はインコースを苦手とする選手には、トスバッティング（ペッパー）やティーバッティングでインコースだけを打たせて、前肘の抜き方を体で覚えさせるようにしている。ペッパーでは、インコースに来たボールに対して前肘を抜いて何度も打たせる。そうすることで選手は肘の抜き方を覚え、芯で捉えた当たりを投げ手にきちんと返すことができるようになる。

ただ、私は小学生の子供たちには無理にインコース打ちを教える必要はないと考えている。まだスイングの安定していない小学生に無理にインコース打ちを教えると、体が早く開くようになってしまったり、場合によってはその子のバッティングそのものがおかしくなってしまったりする可能性すらある。

それに、軟球を用いて行う学童野球ならば、多少詰まっても長打になったりすることもある。そういった理由から、インコース打ちを教えるのは中学生以上になってからで十分だと思う。

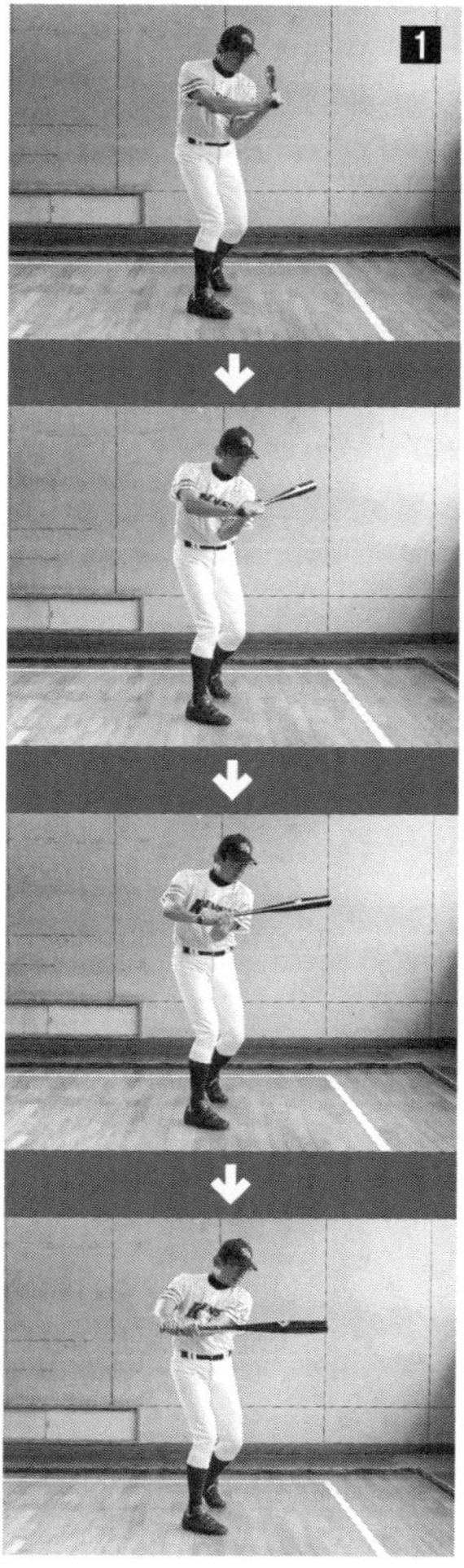

前肘を外側に抜くようにスイングすると、インコースを上手にさばける

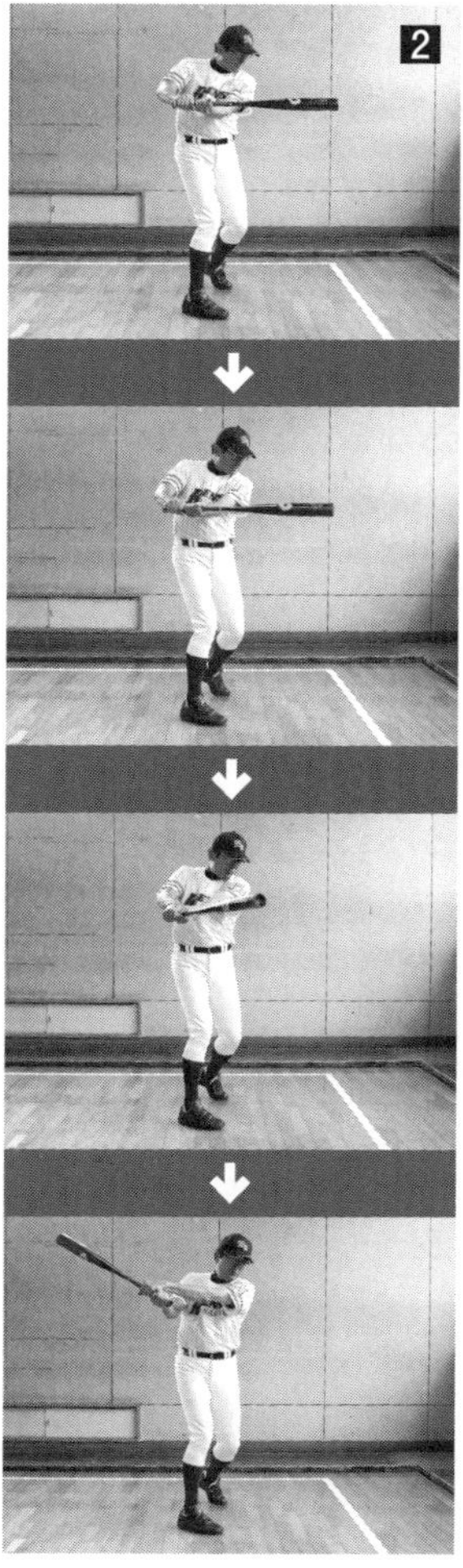

前肘を外側に抜く時、脇を開いた方がやりやすい

アウトコースの打ち方――バットを外に放り出すように打つ

アウトコースを打つ時は、バットを立てて、肩の下辺りからヘッドが出て、さらにバットを外に放り出すイメージで振るといい。この時、打ちたい方向に膝を向けるのもポイントだ（写真1）。

私が現役の頃は「アウトコースを流す（逆方向に打つ）」というよりは「アウトコースを引っ張る」イメージで打っていた。「アウトコースを流す」とイメージするとどうしてもヘッドが下がりがちになり、ファールフライのような打球が多くなってしまう。

だからヘッドが下がらないように、「アウトコースを引っ張る」イメージで打つことが大切なのだ。また「アウトコースを流す」ことを意識しすぎると、インサイドからバットが出すぎるため、パワーが伝わらず強い打球が飛ばなくなる（ファールにもなりやすくなる）ので注意しよう。

アウトローの打ち方は、バットを立てた状態で、ヘッドが肩の下から出てきて、そこから後ろ肘を伸ばしながらアウトローの軌道にバットを入れる。

後ろ肘を伸ばす時、肩甲骨は外旋運動（中から外へと向かう動き）をしている。その肩

アウトコースは、バットを外に放り出すイメージで振るといい

甲骨の動きも意識すれば、逆方向により強い打球が飛ばせるようになるはずである。最初はゆっくりその軌道と肩甲骨の動きを確認しながら素振りをし、慣れてきたら強く、速く振るようにするといいだろう。

高目の打ち方――グリップをやや下げて打つ

高目のボールはピッチャーからすると失投なので、バッターはこの甘い球をレベルスイングでしっかりと捉えなければいけない。

高目をそのままレベルスイングで打とうとすると、どうしてもヘッドが下がってしまい、凡フライになりがちだ。だから高目を打つコツは、ずばり「グリップをやや下げ、ヘッドが立った状態で高目にバットを持っていく」ことである。

P76の「レベルスイングの覚え方」で述べた通り、グリップを下げながらバットを振った方がいい形のレベルスイングになる。バットを少し下に落とす感じで、両肘をやや下げて振り出せばグリップは下がり、ヘッドが立った状態になる（写真1）。

この時、注意しなければならないのは、グリップを下げようとする意識が強すぎてダウンスイングになってしまうことである（一気にグリップを下げると大根切りになってしまうので、「〝やや〟下げ気味」がポイント）。

高目を打つとき、脇が空いて後ろ肩が下がると、アッパーになってしまう

高目はグリップを下げながら振ると、いい形のレベルスイングで打てる

振り出しの瞬間が「斜め下方向」へのスイングになるだけで、その後は地面と平行のレベルスイングとなるのが「正しいレベルスイング」だということを忘れないでほしい。

また、この高目の打ち方は「インコース高目」にも通じる打ち方なので、まずはその基本となるレベルスイングをしっかりと体で覚えるようにしよう。

高目のボールを打つ悪い例としては、脇が空き、後ろ肩が下がることによりアッパースイングになってしまう打ち方である（前ページ写真2）。

軸足の膝のベクトルは上から下が基本だが、アッパーのバッターは膝の動きが下から上になるのでアッパーになる。だからどんなボールに対しても、軸足の膝は上から下にねじ込むようにスイングしたい。

低目の打ち方――ボールを点ではなく線で捉えて打つ

低目はスイング始動時にバットを落とすイメージを持っておくといい。そして、ボールの軌道（ライン）に自分のバットを入れていくイメージでスイングする。ボールを点ではなく線として捉え、最短でスイングすることが大切である（写真1）。

スイングを安定させるには、スイングの延長線上にフォロースルーするようにするといいだろう（低目のフォロースルーはバットを肩の上に振り抜く）。

また、低目を打つ時は骨盤を大きく開いてはいけない。インコース高目を打つ時のように骨盤を開いてしまうと、低目のボール（特にインコース低目）はほとんどファールになってしまう。

だから、低目を打つ時は軸足から前足へと重心の移動はしつつも、骨盤は絶対に開かない（前肩も開かない）。これが鉄則だ。

先ほども少し述べたが、ピッチャーの決め球としてよく用いられるアウトコース低目（アウトロー）の打ち方に関してもう少し触れておきたい。

低目は、自分のバットをラインに入れていくイメージでスイングする

アウトローは、グリップをアウトコースに持っていくとスムースにバットが出てくる

アウトコースのボールは引き付けて、自分の体に近いところで打つため、どうしても「逆方向に打つ」というイメージが強い。しかし、私はアウトコースのボールはアウトローも含めて、すべてセンター方向に打ち返すイメージで打った方がいいと思っている。「逆方向に打つ」というイメージが強すぎると、バットのヘッドが寝た状態で出てくるようになってしまう。そうなると打球はファールやフライが多くなるだろう。ところが、「センター返し」というイメージだとヘッドが立った状態になるので、センター方向に強い打

球が弾き返せるようになるのだ。

アウトローは、まず始動の時点ではグリップを残してボールとの距離感を保ちつつ（引き付けるために）、その後はインローとは違って、グリップをアウトコースに持っていくとスムースにバットが出てくるだろう（写真2）。

最後に低目を打つポイントをもう一点。

低目のボールが来たら、顔をややホームベース方向に傾ける（目線を下げるイメージ）と、肩も下がり、バットが低目の軌道（ライン）に入りやすくなる。

低目の打ち方の練習は「ゴルフ打ち」がおすすめである。やり方は第3章で詳しく紹介するので参考にしてほしい。

［ピッチャーのタイプ別の打ち方］

速球への対応方法——球筋を3Dで想像できなければダメ

ピッチャーは、ストレートの他にもカーブやスライダーといった曲がる変化球、さらにはチェンジアップやフォークなどの落ちる変化球など、色々な球種を投じてくる。

バッターの基本的な考え方として、どんなタイプのピッチャーであれ、バッターボックスに入って想定しておくのは「そのピッチャーのストレート（一番速いボール）」である。

卓越した技術と反射神経を持ち合わせた天性のセンスの持ち主であれば、遅いボール（変化球）に合わせつつ速球にも対応できるが、一般の選手にはそんな芸当はなかなかできるものではない。だから、一般的には「速球に合わせつつ、変化球が来たら一瞬グッとためて対応」するのが基本である。

「伸びのある速球（フォーシーム）に空振りすることが多いのですが、どうやって対応すればいいんですか？」と聞かれることがたまにあるが、手元で伸びてくるタイプのストレートに対応するには、その「伸び」を想定してバットを振ることが重要だ。

だが、これは速球に限った話ではない。カーブならカーブ、スライダーならスライダーと、変化球もそれぞれの曲がり具合、落ち具合を頭でイメージしてバッターボックスに入ることが大切なのだ。

第1章の「タイミング」の項でも述べたが、試合前、ピッチャーがブルペンで投球練習していたとしたら、それは絶対に見ておく必要がある。遠目に投球練習を眺めつつ、ストレート、変化球それぞれの軌道を確認する。

そして、自分がバッターボックスに入っていることを想定し、ボールの軌道を「3D」

でイメージするのである。結果を残すバッターは、この3Dのイメージを頭の中に描くのがうまい。実際にバッターボックスに立った時、自分のイメージしたボールが来るのだから、ヒットになる確率が高まるのは当然といえば当然だろう。

「横から見た投球を3Dでイメージできる」

これがいいバッターの条件のひとつになることは間違いない。

試合前から勝負はすでに始まっている。ベンチにボーッと座っているような選手にいい結果は決して付いてこない。

さて、速球への対応方法だが、自分のイメージ以上に速い球だった場合は、大きく構えていたのをややコンパクトな構えにして始動を早くする。まずトップに早めに入れて、ステップも早く踏み込んでいく。ステップをゆっくり踏み出していると速球に振り遅れてしまうので、スイングも「始動から（ボールに）合わせる」「振りながら当てる」イメージで振り出していくといいだろう。

変化球への対応方法——投手のタイプによって待ち方は変わる

ピッチャーがストレート主体の本格派の場合、カウントが2ストライクになるまでは、バッターは10：0、9：1、8：2くらいの割合でストレート待ちでいいと思う。

そして2ストライクになったら6：4（6がストレート、4が変化球）の割合で対応する。県相ではこういった時、2ストライクとなったバッターに対して「ロクヨン、ロクヨン」と声をかける。要するに「6：4の割合で変化球も頭に入れておけよ」という意味である。

一方、変化球主体の軟投派のピッチャーに対してだが、ボール先行の2-0（2ボール、0ストライク）など打者有利のカウントになった時、変化球でストライクを取ってくるピッチャーであれば2：8、1：9くらいの割合で変化球の可能性が高いので、あえて変化球を狙っていってもいいだろう。

では、軟投派のピッチャーに2ストライクを取られたら、どのような〝待ち方〟がいいのか？「4：6」（4がストレート、6が変化球）で対応すればいいのか？

答えはNOである。

たとえ軟投派のピッチャーであっても、やはり2ストライクと追い込まれたら、どんなに低く見積もっても5：5の割合でストレートも頭に入れておかなければいけない。

先ほども述べたが、緩い球を待ちつつ、速球に対応できるのは高い技術を持った一部のバッターだけである。だから変化球の可能性が高い軟投派であっても、2ストライクとなったら5：5、6：4でストレートを待つのが正解なのだ。

変化球の打ち方❶
スライダー・カーブ・シュート・シンカー

横の変化をするスライダーやカーブは、多くのピッチャーが投じる「変化球の王道」である。それだけに、スライダーやカーブを得意にすれば、打率は間違いなく上がる。まず最初に、スライダーやカーブといった横に曲がる変化球の打ち方を伝授したい。

たとえば、右バッターが右ピッチャーと対した場合、横に曲がる変化球は自分の体から遠ざかるように、逃げていくように変化する。

こういった「逃げるボール」を打つ時、一番やってはいけないのが「ボールを追う」ことである。ボールを追いかけて打つと、軸足に置かなければいけない重心が前足に移り、鋭いスイングができなくなってしまう。

追いかけて打つとどうなるか？

その結果はきっとみなさんもよく目にしているはずである。

「スライダーを引っ掛けてサードゴロ」

これがその結果の典型だ。では、どうやって逃げるボールを打てばいいのか？

答えは「追う」の反対。そう、「待つ」のだ。横の変化球は自分のポイントに来るまで待つことが大切なのだ（写真1）。

そのためには普段の素振りから変化球をイメージし、アウトコース低目などにポイントを設定して、下半身主導でバットを振るといいと思う。

次にカーブだが、カーブはスライダーのように横に曲がるというよりは、落ちながら曲がっていく（斜めに落ちていく）という球種なので、ボールの高低によって打ち方が変わってくる。

まず高目のカーブは、ボールのライン（軌道）にバットを入れられないので点で打つしかない（写真2）。低目のカーブは、逆にラインにバットを入れて、先ほど説明した低目の打ち方で対応すればいい（写真3）。真ん中もラインに入れて打つ。高目は点、真ん中と低目は線で打つと覚えておくといいだろう。

最後に、逃げるボールとは逆の、自分の体に向かってくるボール（シュートやシンカー）に関しても触れておきたい。

シュートやシンカーの打ち方のコツは、逃げる系と同じく、自分のポイントに来るまで「待つ」。そして、P93のインコースの打ち方で説明した通り、前肘を外側に抜く感じで捉えるようにするといい（次ページ写真4）。

逃げるボールにしろ、向かってくるボールにしろ、変化球に対応するには「その変化球

横の変化球は自分のポイントに来るまで待つことが大切

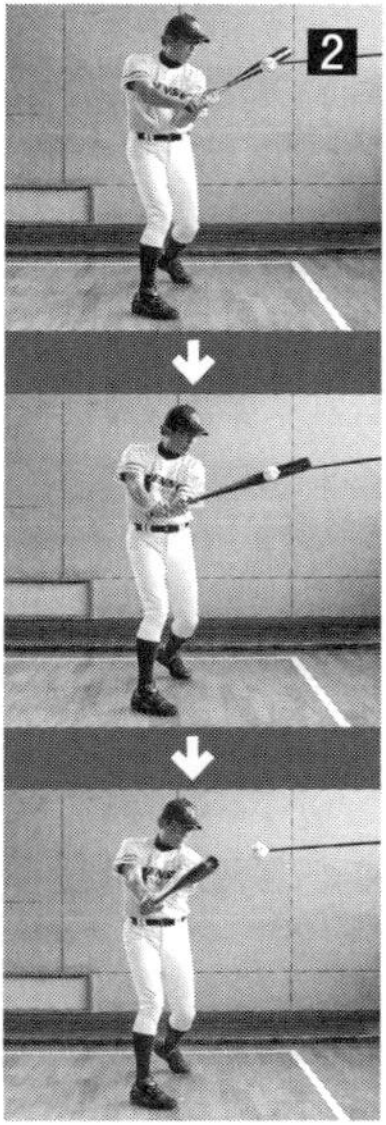

高目のカーブは、ラインに入れられないので点で打つしかない

低目のカーブは、ラインにバットを入れて低目の打ち方で対応する

向かってくるボールは自分のポイントに来るまで待ち、前肘を外側に抜いて捉える

に慣れる」ことが一番である。いいバッターになるには、質の高い素振りと質の高いバッティング練習、それを繰り返すことで良い形をクセにするしかないのだ。

変化球の打ち方❷チェンジアップ・フォーク

私が現役だった頃は、チェンジアップやフォークといった「落ちる（沈む）系」のボールを投げるピッチャーは数少なかった。だが、変化球全盛の昨今、多くのピッチャーがそんな「落ちる系」のボールを当たり前に投げるようになった。

「落ちる系」のボールは2ストライクを取った後の「決め球」として使われることも多いだけに、「落ちる系」の攻略が打率アップのカギを握っているといってもいいだろう。

ピッチャーからすると、「落ちる系」のボールは低目に投じることでその威力を発揮する球種である。ということは、バッターはまず「低目」の打ち方をマスターする必要がある。「低目の打ち方」に関してはP100ですでに解説しているので、これを実践してほしい。

さらに付け加えると、「落ちる系」のボールへの対応で一番大事なのは、構えた時のグリップの位置だ。グリップが顔の近くにあると、落ちてきたボールを拾えない（次ページ写真1）。逆にグリップが後ろにあってボールとの距離感があれば、ストレート系を待っているところに落ちるボールが来ても、グリップが後ろに残っているので対応できる（次ページ写真2）。

ボールを待つタイミングの中で、前腕に張りを作ってグリップを後ろに残しておくことが、バッティングでは重要なのである。

また、「落ちる系」のボールは「ボールの回転」を見ることで球種を判別できるので、普段から「ボールの回転」を見極めるクセを付けるといいと思う。

そもそも、チェンジアップやフォークといった球種は「ボールのスピン（回転数）」が少ないため揚力が働かず、地球の重力によって落ちる」という特性がある。スピンしているボールの回転を見極めるのは慣れないと難しいが、回転数の少ないチェンジアップやフォークであれば割と誰にでも見極められる（特に硬球は縫目が赤いため、回転がよく分

グリップが顔の近くにあると、落ちてきたボールを拾えない

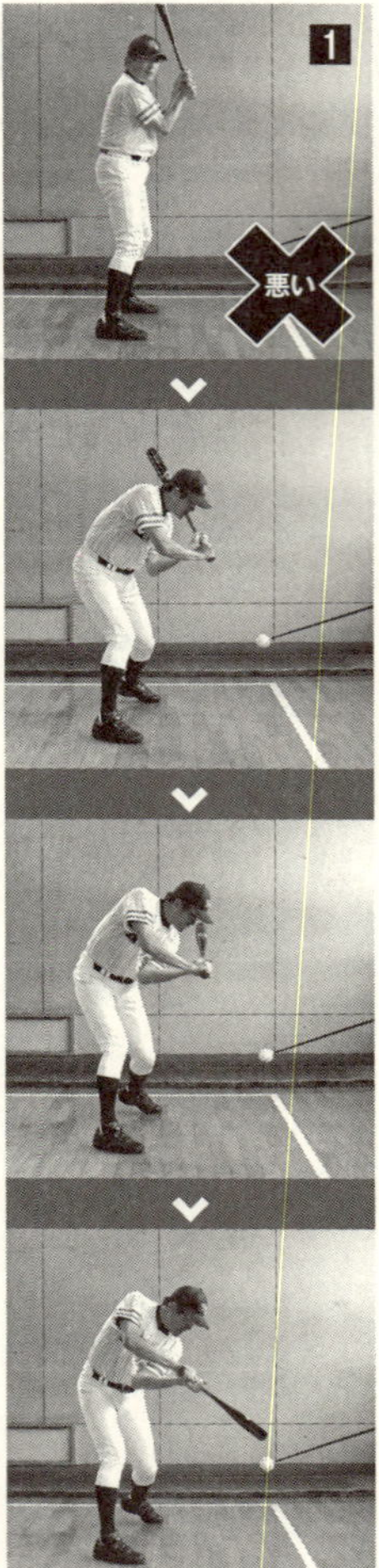

グリップが後ろに残っていて、ボールとの距離感があれば対応できる

かる)。

ただ、ボールが投じられてから打つまでの「瞬間の判断」となるため、最初は頭で分かっても体がなかなか動いてくれない（反応してくれない）ものである。しかしその反応も、練習を繰り返すことで誰でもできるようになる。何事も要は「慣れ」なのだ。

そういったもろもろの理由から、球種を見分けられるよう普段のキャッチボールから「ボールの回転」を見るクセを付け、バッティング練習でも常にボールの回転を見るようにしてほしい。

サイドスロー、アンダースローの打ち方
──軌道に逆らわない、これが王道

サイドスローやアンダースローといったいわゆる「技巧派」のピッチャーを苦手としているバッターは結構多い。オーバースローのピッチャーより相対的に数が少ないため（特にアンダースローは少ない）、「目が慣れていない」のが技巧派を苦手とする一番の理由だと思う。

だが、サイドスローやアンダースローの攻略法は存在する。それをここでご紹介しよう。

サイドスロー、アンダースローを攻略するための一番のコツは「ボールの軌道に合わせ

て構える」ことである。

サイドスローもアンダースローも、オーバースローと比べ「横の位置」からボールが投じられる。つまり、右対右、左対左の場合、相手投手がサイド・アンダーだと「背中側」からボールが来ることになり球筋（軌道）が見にくいため、どうしても打ちづらく感じてしまうのだ。

そんな打ちづらいボールを、どうすれば打ちやすくできるのか？

答えは簡単。球筋が見やすくなるように、ボールの軌道に合わせて構えればいいのである。サイド・アンダーを打つ時は、ややオープンスタンス気味に構え、ボールの軌道と平行になるように足の角度を合わせる。そして、真ん中からインコースのボールならそのままのスタンスで打ち、アウトコースに来たらやや踏み込んで打つのだ。

右バッターが左ピッチャーを打つ際、よく「引っ張らず、逆方向をイメージして打て」と言われるが、これも「ボールの軌道に合わせて打つ」ことの応用である。

左ピッチャーが投じる、右バッターのインコースをえぐるようなボールを「クロスファイヤー」と呼ぶ。このクロスファイヤーを普通のスクエアスタンスで、なおかつ引っ張ろうと思って打ったらボテボテのサードゴロになるのが関の山で、まずヒットにはならない（よくてレフト前のポテンヒット）。

こういった場合、右バッターはいつもよりややホームベースから離れ、クローズドスタンスにする。そうすることでボールの軌道に角度で合わせることができ、クロスファイヤーも通常のインコースと同じ感覚で打てるようになるのだ。

私は左バッターだが、現役時代、右のサイドスローはとても得意だった。私はその頃から、「ボールの軌道に合わせて構える」ことを取り入れていたから、ストライクゾーンに来るボールをただ待っていればよかった。

だから右のサイドスローが私のインコースにボールを投げてきても、それを打ちづらいと感じたことは一度もない。そんな時は「来た、来た」と思って、無理に引っ張らず、センターから逆方向を意識して打ち返すようにしていた。

浮き上がってくるストレートも「軌道に合わせて」打つ

アンダースローのピッチャーのストレートは浮き上がってくるように感じる（サンディエゴ・パドレスの牧田和久投手や元千葉ロッテマリーンズの渡辺俊介投手などがいい例）。これはアンダースロー特有の、ソフトボールの「ライジングボール」に似たストレートだが、このストレートはレベルスイングで打つと、ポップフライになってしまう。

アンダースローの浮き上がるようなストレートは、ボールの軌道に合わせてバットを振らなければいけない。先ほどまで述べてきた「ボールの軌道に合わせる」は「左右、横の軌道」だが、アンダースローの浮き上がってくるストレートに関しては「上下、縦の軌道」に合わせて振るのである。

つまり、浮き上がってくるストレートはレベルスイングではなく、ややダウンスイング気味にバットを振るのだ。そうすることで、浮き上がってくるボールに合わせやすくなるだけではなく、ポップフライのような打ち損じも減る。

余談だが、2015年のドラフトで、阪神タイガースに5位指名された青柳晃洋投手が川崎工科でプレーしていた頃、私は川崎北で監督を務めていたので対戦したことがある。

青柳投手はアンダースローなのだが、私の長い野球人生の中で彼ほど速いストレートを投げるアンダースローは見たことがない。彼のストレートは当時で常に140キロは出ていた。ここまで速いと、高校生レベルではいくら「軌道に合わせる」スイングをしてもなかなか打てない。

青柳投手は高校卒業後、帝京大学に進み、その後プロ入りを果たした。あれだけのストレートを投げるアンダースローはなかなか存在しないので、彼にはニュータイプのアンダースロー投手としてぜひともがんばってほしい。

［佐相流野球理論］

逆方向へのバッティングのコツ

逆方向に強い打球を飛ばすのであれば、グリップが肩口の下からしっかりと出なければならない（写真1）。肩口の下からバットが出てくることで外へのレベルスイングの軌道となり、そこでしっかりと〝間〟を取ることができ、なおかつ強い打球を飛ばせるのである。

コツとしては、ヘッドを遅らせるということ。わざとヘッドを遅らせることでボールを引き込んで、ヘッドの返しを利用して逆方向に弾き返す（次ページ写真2）。ポイントをややずらして打つといいだろう。

福岡ソフトバンクホークスの内川聖一選手は、

グリップが肩口の下から出なければ、逆方向に強い打球は飛ばせない

ヘッドを遅らせることでボールを引き込んで、ヘッドの返しで逆方向に弾き返す

逆方向へのバッティングが本当にうまい。当たり前だが、彼もヘッドを遅らせて打つ方法をよく知っている。

進塁打としての逆方向へのバッティング（右打者の右打ち）は強い打球を飛ばすより、しっかりミートする方が先決なので、バットの軌道は先ほども述べた肩口から下と変わらないが、腰の回転は打つ方向で止めるようにすることがポイントとなる。腰を止め、大きく回転させないことで体に壁ができ、ボールを捉えるミート力もアップするのだ。

コツとしては自分の打ちたい方向に後ろ足の膝を向けることが挙げられる（膝を向けた

ままバットを振り切る)。

たとえば、右打者が右方向に転がしたいのであれば、右膝を一二塁間に向けて打てばそこで下半身(骨盤)が固定され、腰を回転することなくボールを捉えることができる。

だが、私はこの打撃は一年を通じて練習することは避けている。なぜなら、腰を回転させないバッティングは特殊なため、一歩間違えるとその選手のバッティングそのものに悪影響を及ぼしかねないからである。

とはいえ、逆方向への進塁打は、勝つためにどうしてもやらなければならない場面が必ず出てくる。だからその時のために、このバッティング練習はするにしても各大会が始まる直前にちょっとだけ、しかもそういった小技のできる選手だけにさせるようにしている。

ヒットエンドランの心得――ゴロを打てとは言わない

バッティングの基本はレベルスイングであり、そこからライナー性の当たりを放つのが私の理想とするバッティングである。

だから、私は1アウトのヒットエンドランの際も選手に「ゴロを打て」とは言わない。ライナー性のヒットを打ってくれれば一番いいが、たとえ当たりがフライになってしまったとしても選手を責めたりはしない。

ただ、ノーアウト、ランナー一塁の場面において、ヒットエンドランのサインが出た時には選手たちに「投球のコースによって、三遊間もしくは一二塁間に打ち分ける」ことを強く意識させている。

一塁ランナーがスタートを切れば、セカンドとショートは二塁ベースに入ろうとするので、当然のことながら三遊間と一二塁間が空く。そこで右打者であれば、投球がインコースに来たら引っ張って三遊間、アウトコースに来たら右打ちで一二塁間を狙うのである。

インコースに投球が来たら二塁ベースカバーに入るのはセカンドだから、空いた一二塁間を狙った方がよさそうなものだが、インコースを無理に右打ち狙いにすると、二塁ベース近辺に打球が飛んでゲッツーの可能性が高くなる。これは逆のアウトコースを引っ張るのも同様。だから県相では、無理に逆打ちをして弱い打球になるよりも、コースに逆らわずに強い打球を打つよう徹底している。

ランナー三塁の時にあえてヒットエンドランをかけることもある。だが、これは人工芝の球場の時しか使わない。人工芝の球場ではボールがよく弾むので、高いバウンドのゴロを打てば確実に得点できるからだ。

厳密に言えば、土のグラウンドと人工芝のグラウンドではバッティングも多少変わってくるが、それを高いレベルではない選手に教えると、本人のバッティング自体が狂ってしまいかねないので私はそこまでは教えていない。

だから、ランナー三塁の場合のヒットエンドランも、春・夏の大会前の一時期、それも「この選手なら教えてもバッティングは狂わないな」という選手にだけ練習をさせている。選手たちにバッティング技術がなければ、いろんな戦術は使えない。だが、それを無理に求めると選手たちのバッティングを狂わせる可能性もある。選手によってどこまで求めるのか。そしてどういった練習をさせたらいいのか。このさじ加減が大切なのだ。

バントの心得――両手でバットをしっかり握って芯を外して当てる

バントの心得としてまず第一に挙げられるのが、バットの握り方（構え方）である。バントなのか、ヒッティングなのか、相手チームに分からないようにグリップを握り、構えなければならない。いつもバットを長く持っている選手が極端に短く持ったら、相手チームに「何か仕掛けてくるぞ」と気付かれてしまう。だから、できればいつもと同じ位置でグリップを握り、短く持ち替えるならピッチャーがモーションに入ってからにしたい。そしてバントをする時、「両手でバットをしっかり握る」「芯を外したところで当てる」、この2点も鉄則である。

芯の外し方はインコースなら芯よりグリップ寄りのところで、アウトコースなら芯よりヘッド寄りのところで当てるのが基本だ。

さらに転がすゴロの強さだが、ピッチャー方向に6メートル辺りのところで止まるのが理想である。よく「正しくバントをすればピッチャー前でもランナーを送れる」というが、このバントが「ピッチャー方向に6メートル」となるのである。

欲を言えば、バッターから見てピッチャーのちょっと右側（セカンド寄り）のところに転がすのがもっとも理想的だ。この場所ならファーストがバントシフトで突っ込んでくることはない。この方向の6メートル地点にボールを転がすことができれば、ランナーが一塁であれ二塁であれ、確実にランナーを進めることができる。

また、低目に来たボールをバントする際、キャッチャー寄りの足を曲げる選手が多いが、これだとバットのヘッドが下がり、ファール、もしくはポップフライになってしまう可能性が高い。低目のボールを処理するなら、ピッチャー寄りの足（右バッターなら左足、左バッターなら右足）を意識して曲げた方がバットコントロールもしやすく、ボールも転がしやすい。これは実践すればすぐに理解していただけるはずである。

超攻撃的野球が私のやり方ではあるが、まったくバントをしないわけではない。

強豪私学に勝つためには、「ここぞ」という場面でどうしてもバントを選択しなければならない時がある。だからバッティング練習において、バントに長い時間を割くことは決してないが、短いながらも定期的にバント練習は行うようにしている。

最後に「バスター」のコツも付け加えておきたい。

バントの体勢からヒッティングに移る「バスター」の場合、レベルスイングに持ってきやすいように、バットを振り上げる時、ヘッドをやや寝かせ気味にするのがコツである。

ストライク先行カウントにおけるバッターの考え方

カウントによって、バッターはどういう心構え、準備をしておけばいいのか。その基本となるカウントごとの「バッターの考え方」をお話ししていこう。

0ストライク（初球）→ある程度、好きな球種、好きなコースを絞って待つ。

1ストライク→初球の球を参考にしながら、初球と同じ感じで待つ。初球よりも打つストライクゾーン、打つ球種の幅をやや広げる。

2ストライク→アウトコースを広めに意識しつつ、ピッチャーのタイプ、配球を読み、ストレートと変化球の配分を考えながら全部のストライクを打つ。

2ストライクの場合、ボールが低目に集まっているピッチャーは変化球で勝負してくる可能性もある。そんな時はストレート6、変化球4くらいの割合でアウトコース+低目も意識して待つ。低目への変化球はボールになる誘い球なのでそれは捨てる。
ストライクのカウントが0↓1↓2となっていくのに比例して、打つストライクゾーンと球種の幅を広げていくのが基本である。

ランナー一塁の時のバッターの考え方

ランナー一塁の場合、ノーサインであれば通常のカウントごとの準備をしておけばいいが、盗塁やヒットエンドランのサインが出た時、バッターの準備や対応は変わってくる。
まずは盗塁のサインが出た場合。

0もしくは1ストライク↓基本的にバントカウントなので、バントの構えをしたり、ランナーのスタートが遅れたらカットしたりすることも考えながら、ボールを見送る。ストライクでも緩い変化球やバウンドになるようなボールは振らない（変化球はストレートよりも遅いため、ランナーがセーフになる可能性が高いから）。

2ストライク↓ストライクはすべて打ちにいく（ランエンドヒットの形）。

ヒットエンドランのサインが出た場合。

0もしくは1ストライク↓ストレートは打つ。 変化球はカーブなら見逃す。スライダーは基本的に打つが、低目のショートバウンドになるようなボールは振らない。

2ストライク↓基本的にすべて打つ。 だが0もしくは1ストライクの時と同様、スライダーの低目のショートバウンドになるようなボールは振らない。

カーブを見逃すのは簡単だが、低目のスライダーを見分ける瞬間的な感覚を身に付けるには時間がかかるので、練習の中でその感覚を養っていくようにしている。

私が指導した選手には、2ストライクとなったら基本はストレート6、カーブ4で待ち、ストライクエンドランの気持ちで打つよう指示を出している。

つまり、2ストライクになったら、ストライクであれば何でも打っていくのである。

当然、普段から2ストライクを取られたことを想定した「ストライクエンドラン」のバッティング練習は行っている。この指導によって空振り三振、見逃し三振ともに減らすことができた。

ランナー二塁の時のバッターの考え方

ノーアウト、もしくは1アウトでランナーが二塁にいる時、バントをするのか、右方向への進塁打を打たせるのか、あるいは強振していくのか、これはそのチームの特色が表れる場面である。

県相の場合、こういった場面では打力のある選手には好きに打たせるようにしている。逆方向に打てとか、どちらに打てとか、そんなことは一切言わない（2ストライクと追い込まれたら「進塁打を打て」と指示を出すことはある）。

打者が追い込まれた場合には、足を上げてタイミングを取る打者をすり足に変えさせたりすることはある（相手投手とタイミングが合っていないように見える打者などに）。

ランナー二塁の場合は基本的にはバッター任せなのだが、下位打線だったり、調子を落としているような選手にはバントのサインを出すこともたまにある。

強振させた場合、打球がショート方向に飛ぶこともままあるが、ランナーの判断がよければ三塁へ進むことは十分に可能である。だから、ショートゴロになった時にいかに三塁へ進むかの走塁練習もしっかり行っている。また、三塁手への緩い正面のゴロの場合、三塁ベースが空くのでこの時も三塁を狙う走塁をさせている。

打球判断をよくするには、とにかく練習によって体で覚えていくしかない。当たり前だが、私は走塁練習にも力を入れている。ちなみにこの走塁を行う際、三塁コーチャーの指示もとても重要となるため、三塁コーチャーもちゃんとつけて走塁練習を行うのがいい。

3ボールになった時に四球は狙うな

ボール先行でカウントが進み、3ボール2ストライク（3-2）となった時、バッターの心理として「次もボールで四球（フォアボール）になるだろう」という考えがよぎるものである。

だが、私も現役時代に何度か経験しているが、3-2の時にフォアボール狙いのような消極的な考え方になると、高い確率で際どいストライクや意表を突かれた球種で「見逃し三振」を喫することになる。

ボールが先行している3ボール1ストライク（3-1）のカウントは、圧倒的に「バッター有利」であるが、そこにストライクをひとつ足しただけの3-2となると、今度は一瞬にして「ピッチャー有利」の状況となる。

それを勘違いして「今日のピッチャーは荒れ球だから」などと相手を甘く見て、自分が不利な状況なのにフォアボール狙いのような消極的な気持ちでいたら、見逃し三振を喫して当然である。

「3-1はバッター有利だが、3-2はピッチャー有利」

野球というものは、たった一球で局面が大きく変わることがある。ボール先行の時のストライクカウントの違いも、そのひとつ。3-1から3-2となったら、「よし、際どいボールはすべて打つ」という積極的な気持ちで臨むようにするのがいいと思う。

第3章

超攻撃的バッティング論　練習編

長所を伸ばし、短所を克服する

逆方向へ打つ感覚をティーで身に付けるにはいろんな方向から投げる

限られた狭い場所でバッティング練習を行う時、スペースと人手を必要としないティーバッティングはとても有効な練習方法である。

通常のティーバッティングでは、投げ手がバッターの斜め前方からボールをトスするので、どうしても引っ張るバッティングになりがちである。そんな理由から「ティーバッティングをすると、体がすぐに開いてしまうようになるのでやらない方がいい」と言う指導者も多いのだが、私はやり方さえ間違わなければ、ティーバッティングは逆方向へ打つ感覚も身に付けられる有効な練習方法だと思っている。

たとえば、通常のティーバッティングだと、右バッターの場合、投げ手はバッターの右前方からボールをトスする。逆方向に打つ感覚を身に付けるなら、投げ手を通常とはまったくの逆、左前方から投げてもらうようにすればいい（左打者なら右前方から）。

ただ、この打ち方はそれなりの技術を要するので、小学生などに試す場合は特に注意してほしい（投げ手もバッターのアウトコースにしっかりとボールをトスするコントロールが必要）。

また、このパターン以外にも、バッターの真横から投げたり、あるいは真後ろから投げたりするティーバッティングの仕方もある。真横、真後ろから投げるやり方は、しっかり軸足に重心をためて打たなければならないので、体が開きがちなバッターの修正には持ってこいの練習方法である（特に真後ろからが効果的）。

とにかく、ティーバッティングは変な先入観を持たずに、いろんな方向から試してみるべきである。

小学生に無理にトスバッティング（ペッパー）をやらせる必要はない

以前、学童野球に携わる指導者の方から「小学生にトスバッティング（ペッパー）をやらせる必要はありますか？」と聞かれたことがある。

小学生（特に低学年）くらいだと、バットコントロールするほどの腕力もなく、投げ手のコントロールもないから、空振りしたり、打球があっちこっちに飛んだりして時間ばかりかかり、練習として有効ではないのではないか。そして選手にもそれほどの効果をもたらさないのではないか、と言うのだ。

その時、私は即座に、

「時間の無駄だからやめた方がいいです」

と返答した。

小学校低学年の選手だったら、投げ手は満足にストライクも放れないだろうし、打ち手は腕力がないのでバットをコントロールする、バットを加減して振るといったことは難しい。それでも「投げ手に打ち返せ」と指導者に言われ、バットを途中で止めて無理にピッチャー返しをしようとするから打撃フォームも崩れてしまう。

こんな打撃練習を選手たちにさせて、なんの意味があるのだろうか？

それでも「ペッパーをやらせる」という指導者がいたとしたら、私はそれは単なる大人のエゴにすぎないと思う。もし、選手たちが満足にペッパーができないのなら、その時間をティーバッティング（置きティーでの練習含む）など、他のバッティング練習にした方がチームとしてはよほど有効である。

投げて、しっかりピッチャーに打ち返す。そういうペッパーは中学生になってからでも十分なのだ（もちろん、小学校高学年の選手で、うまくペッパーができる技術があれば練習に取り入れるべき）。

ここで正しいペッパーのやり方に関しても触れておきたい。

ペッパーをする時、以下のような選手をよく見かける。

・体が開いた（投げ手に正対した）状態で腕だけで振っている（写真1）

・バットをトップに入れず、ヘッドを寝かしたまま打っている（写真2）

・下半身がほとんど動かない（重心の移動がない）で打っている（写真3）

実際の試合で、このような形で打つことは絶対にない。この3つのような形で打っていると変なクセが付くだけなので、すぐにやめた方がいい。

正しいペッパーは普段の打つ姿勢からちょっとテイクバックが小さくなり、スイングスピードが緩くなるくらい。あとは普段のスイングとなんら変わらない。弱く打つ分、ステップも小さくなるので、そこは膝の柔軟性でカバーする。後ろ肘と後ろ膝をうまく使うことで、ミートポイントに合わせる打撃技術が磨かれるのである（次ページ写真4）。

投げ手に正対した状態で打ってはいけない

ヘッドを寝かしたまま打ってはいけない

上半身だけで打ってはいけない

後ろ肘と後ろ膝をうまく使って、特に後ろ膝の柔軟性を意識して行う

ロングティーでバッティングがダメになる時がある

２００５年、私は川崎北の野球部監督となり、３年目となる２００７年秋の県大会でチームは過去最高のベスト４進出を果たした。

私はその冬、チームのさらなる打撃力向上を目指し、ロングティーを選手たちに積極的にやらせた。そして春先、選手たちのバッティングがどこまで伸びているかを確認するために紅白戦を行った。

するとどうだろう。驚いたことに選手たちは伸びるどころか、打力が落ちていた。多くの選手が遠くに飛ばすことだけに囚われ（引っ張ることを意識しすぎて）、体が開くバッティングになってしまっていたのである。

これを機に、私は練習でロングティーを行うことをやめた。そしてその代わりに、選手たちに「ボールを引き付けるバッティング」を思い出させるために、〝打ち分けティー〟の右打ちばかりをやらせた（※打ち分けティーは次頁に詳細）。

幸いにも選手たちはその右打ちティーバッティングで復調してくれたが、「よかれ」と思って取り入れた練習が逆効果になってしまうことはままある。こういった時、指導者は自分の間違いを素直に認め、すぐに新たな練習を模索していかなければならない。

「俺が監督だ」と偉そうに構えるのではなく、選手とともに指導者も日々、成長していく。それが大切なのだと思う。

ちなみにロングティーはちゃんとしたやり方で行えば、当然のことながらそれなりの効果は得られる。私はやみくもに遠くへ飛ばすことだけを選手たちに意識させて失敗したが、「インコースは引っ張る」「アウトコースはセンター返し&右方向」などとコースによってしっかりと打ち分けることを徹底させれば、ロングティーは有効な練習となるはずだ。

県相の打ち分けティー

県相のグラウンドには、2枚を合わせると中央に穴が開いた形になるティーネットが10組ほどある（写真）。

投げ手はネットの反対側からバッターに向かって真っ直ぐボールをトスする。バッターはその時々の練習のテーマに応じて、引っ張ったり、逆方向に打ったりするので「打ち分けティー」と呼んでいる。

真ん中に穴が開いているため、投げ手がバッターに対して真っ直ぐボールを投じられるのがこのネットの最大の利点であり、バッターはより実戦に近い形でバッティングの練習ができる。

また、インコース低目、アウトコース低目など、自分の苦手なコースを徹底して練習できるのも

「打ち分けティー」の大きな魅力だ。

低目が苦手な選手にはゴルフ打ちをさせる

低目が苦手な選手は、低目に来るボールのラインにバットをうまく入れられない。そこで、低目のラインにうまくバットを入れられるようになるための効果的な練習方法をいくつかご紹介したい。

まずは地面に真っ直ぐラインを書き、そのラインの上をバットのヘッドが走るようにスイングをする。この練習をする時は誰かとペアになって、スイングがラインから外れていないかチェックしてもらうといいだろう（次ページ写真1）。

さらにひとりでもできるのが、地面にボールを置いてそれを打ち、真っ直ぐ飛ばす練習である。要はバットを使ったゴルフなのだが、当てる位置が手前すぎても、体より前すぎてもボールはきれいに真っ直ぐ飛ばない。しっかりと真っ直ぐ飛んでいくよう、ポイントを意識して打つことが大切だ。

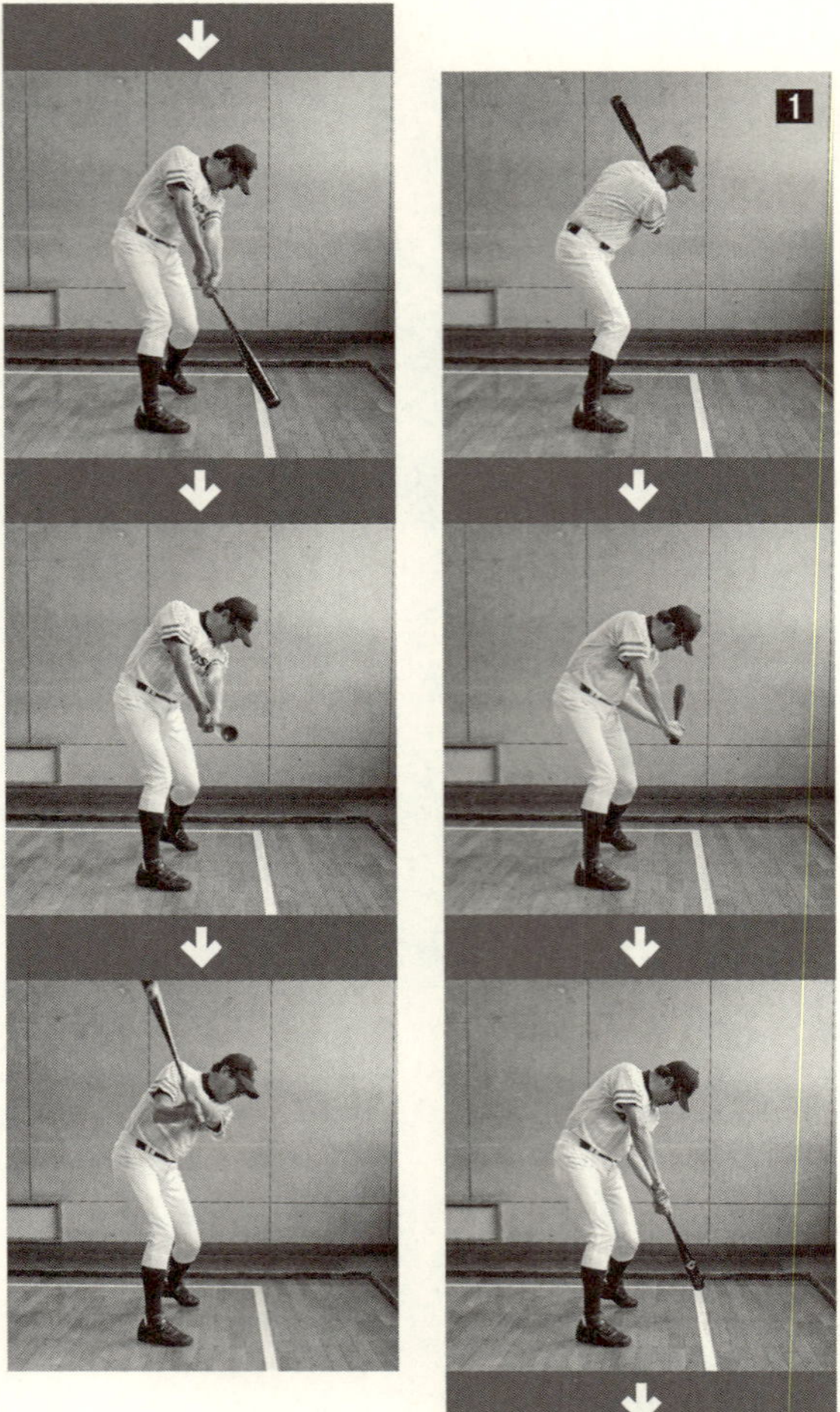

地面のラインの上をバットのヘッドが走るようにスイングする

ドアスイングの直し方

腕力がまだ十分でない小学生くらいの選手だと、レベルスイングはできていても腕が最初から伸びた状態でバットを振る、いわゆる「ドアスイング」（アウトサイドアウト）になりがちである。

こういった選手に正しいスイング（インサイドアウト）を覚えさせるには、ネットや壁（できればネットなどのやわらかい素材のものがいい）のそばに立ってスイングさせる練習がおすすめだ。

こうすることによって、バットが体に巻きつくようなインサイドアウトのスイングが習得でき、ドアスイングではなかなか打てないインコースのボールも打てるようになる。

コツとしては後ろ肘を体に付けるか、前肘を外に抜く感じで振ること。そうすることによって壁際であってもバットをスムースに振り抜くことができるようになる（次ページ写真1）。これは昔からある練習法で私も小学生の頃はよくやらされたものである。

効果は立証済みなので、ドアスイングになりがちな選手、あるいはインコースが苦手な選手はこの練習法をぜひ試してみてほしい。

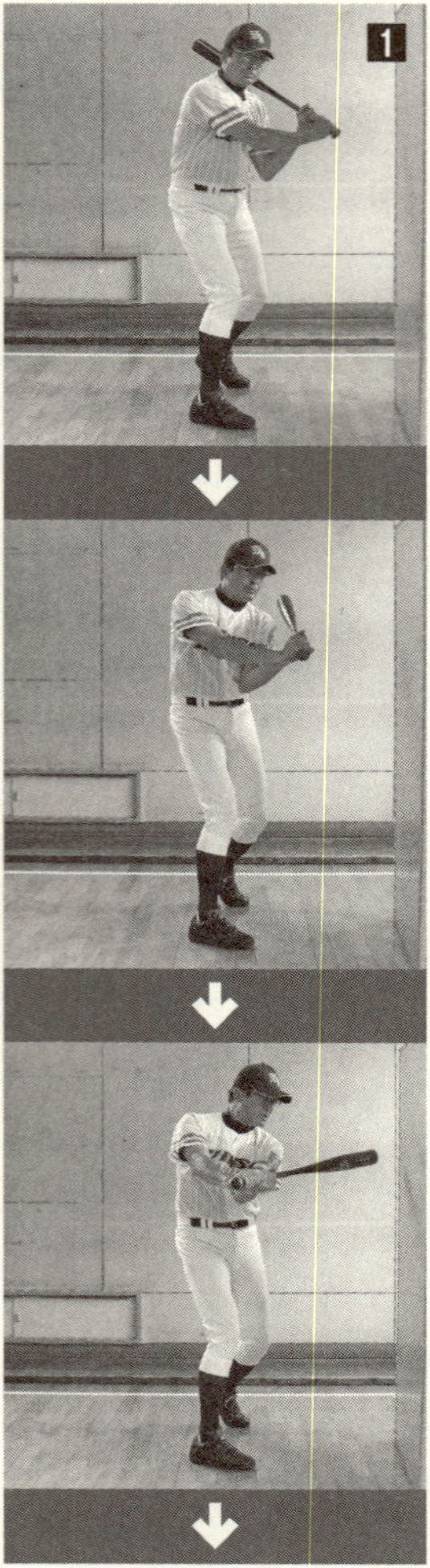

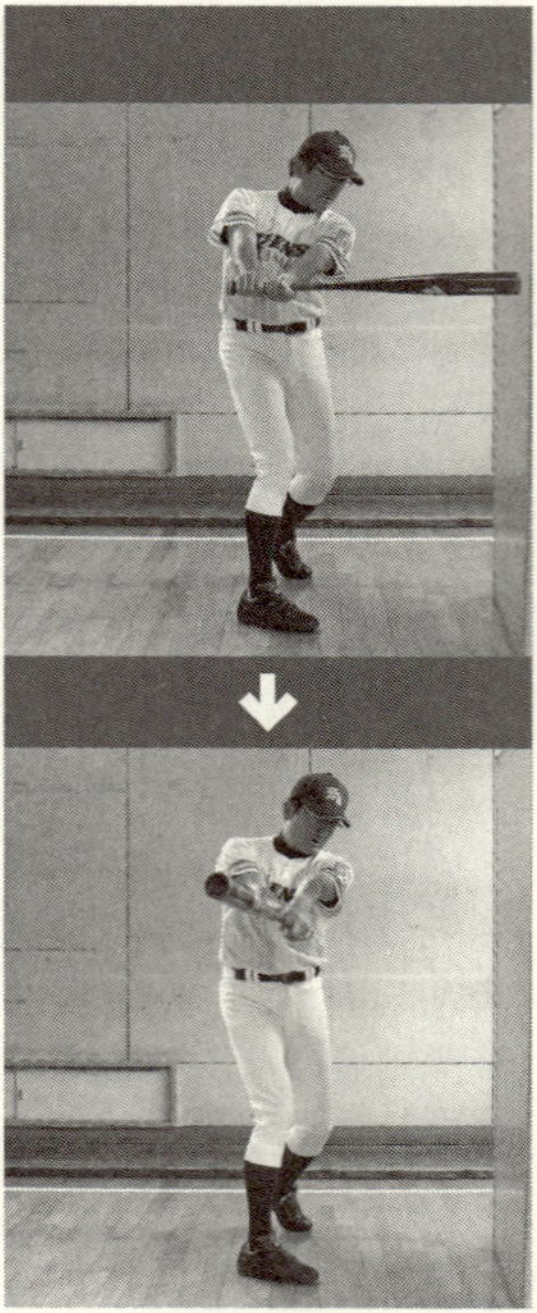

前肘を外に抜く感じで振ると、
壁際でもスムースに振り抜ける

肩が開かないようにする練習方法——下半身の動きが肝心

バッティングの打つ瞬間、前肩が開いてしまい、通常の力強いスイングができなかったり、アウトコースが苦手だったり、あるいは変化球などに体勢をすぐに崩されてしまったりするバッターがよくいる。

私が中学野球の監督をしていた時、入部してくる新入生たちはそのほとんどが「肩が開いてしまう」タイプの選手だった。そういった選手のスイングを直そうとする時、どうしても「肩の開き」ばかりに目がいってしまいがちだが、この場合直さなければならないのは「上半身」ではなく、「下半身」である。

ここでは、そんな選手におすすめの練習方法をご紹介したい。

「肩が開いてしまう」タイプの選手を指導する時は、骨盤が開かないように下半身の重心を移動させる方法を教え込む。

前足のやや前方にバットを立て、そのグリップエンドを片手で押さえつつ（前肩が開かないようにする）、軸足から前足へと下半身の重心移動だけを行う。この際に骨盤はまったく開かない。軸足の母指球を地面にねじ込むようにひねるのと、股間をキュッと引き締める感じで重心移動を行うのがコツである（次ページ写真1）。

これを行うことで骨盤が開かなくなるから、いわゆる「ため」のあるバッティングフォームとなり、結果として前肩も開かなくなる。

私が中学野球の監督をしていた時、雨の日には室内で1年生にこの練習ばかりをさせていた。確実に効果のある練習なので、ぜひみなさんにも取り入れてほしい。

軸足の母指球を地面にねじ込み、股間を引き締める感じで行う

肩甲骨の内旋・外旋のトレーニング

バッティングにおいて、肩甲骨を意識してスイングしている人はあまりいないと思うが、実は肩甲骨の動き（内旋、外旋）はバッティングのあらゆるシーンに登場する重要な動きである。たとえば、インコースを打つ時は前肩の肩甲骨の内旋（肩甲骨を内側に寄せる動き）を使うし、アウトコースなら両肩の外旋（肩甲骨を外側に広げる動き）を使う。

そこで、ここでは肩甲骨の動きを意識させるトレーニング方法（アップ時に行うといい）をご紹介したい。

四つんばいになるだけでできる簡単なものなので、ぜひみなさんにもアップの時などに取り入れるようにしてほしい。まず、地面に四つんばいになる。そして、肩甲骨を寄せるように背中を引っ込ませるのが内旋のトレーニングとなる（次ページ写真1）。逆に両方の肩甲骨を離すように、背中を盛り上げるのが外旋のトレーニングとなる（次ページ写真2）。これを繰り返すことで肩甲骨の内旋、外旋が鍛えられる。

もうひとつ、この姿勢のままでできる背骨の運動がある。左右の肩甲骨を上下に動かす運動を繰り返すのだ（次ページ写真3）。これは低目を打つ時に使う筋肉を鍛えられるので、

内旋は、肩甲骨を寄せるように背中を引っ込ませる

外旋は、両方の肩甲骨を離すように背中を盛り上げる

左右の肩甲骨を上下に動かす運動を繰り返す

肩甲骨のトレーニングと一緒に行うようにしてほしい。

選球眼をよくするためのビジョントレーニング

練習試合などをした後、相手校の監督さんからよく「佐相さんの教え子は選球眼がいい。ぜんぜん振ってこない（誘い球に乗ってこない）」と言われる。

これは普段のバッティング練習時から「ボールをしっかりと引き付けて打つ」「ボール球は振らない」ということを徹底していることに加え、毎日行っているビジョントレーニングの効果が表れているのだと思っている。

県相では、ペッパーをやる前に必ずこのビジョントレーニングをするようにしている（私が中学野球で指導していた時代から取り入れている練習である）。

やり方はいたって簡単。

まず、遠近の焦点を合わせる練習。右手と左手の親指を交互に見るのだが、左バッターの場合は右手を目一杯伸ばし、左手の親指は顔の前15センチくらいのところ。それぞれの指を0・5～1秒間隔で見ながら、これを10～20往復繰り返す（次ページ写真1）。

周辺視野を広げることも大切なので、顔の前30センチくらいのところの左右、上下に両手の親指を構え、それぞれの指を同じように交互に見ながら、これも10～20往復繰り返す

（写真2・3）。

これを日常的に行っていれば目のピント合わせや眼球の動きが速くなる。この時、顔は動かさず目だけで指を追うようにしよう。そうすることでボール球を見逃す時も顔でボールを追うことなく、目だけで見逃せるようになるはずだ。

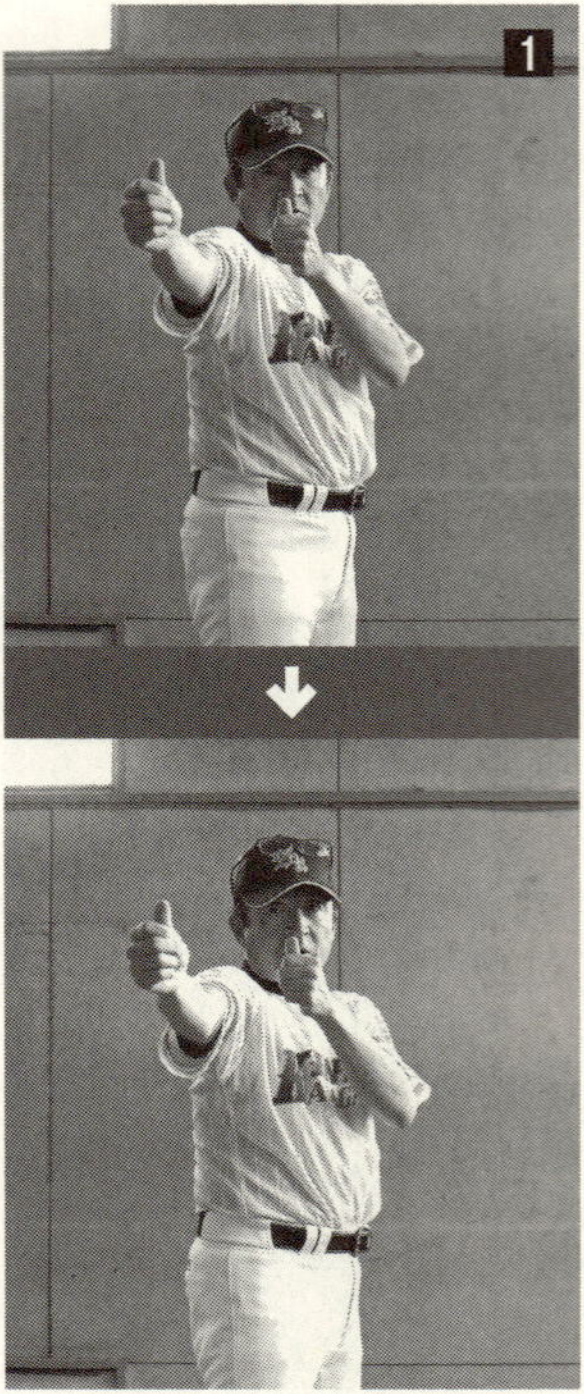

右手と左手の親指を交互に見て、
遠近の焦点を合わせる

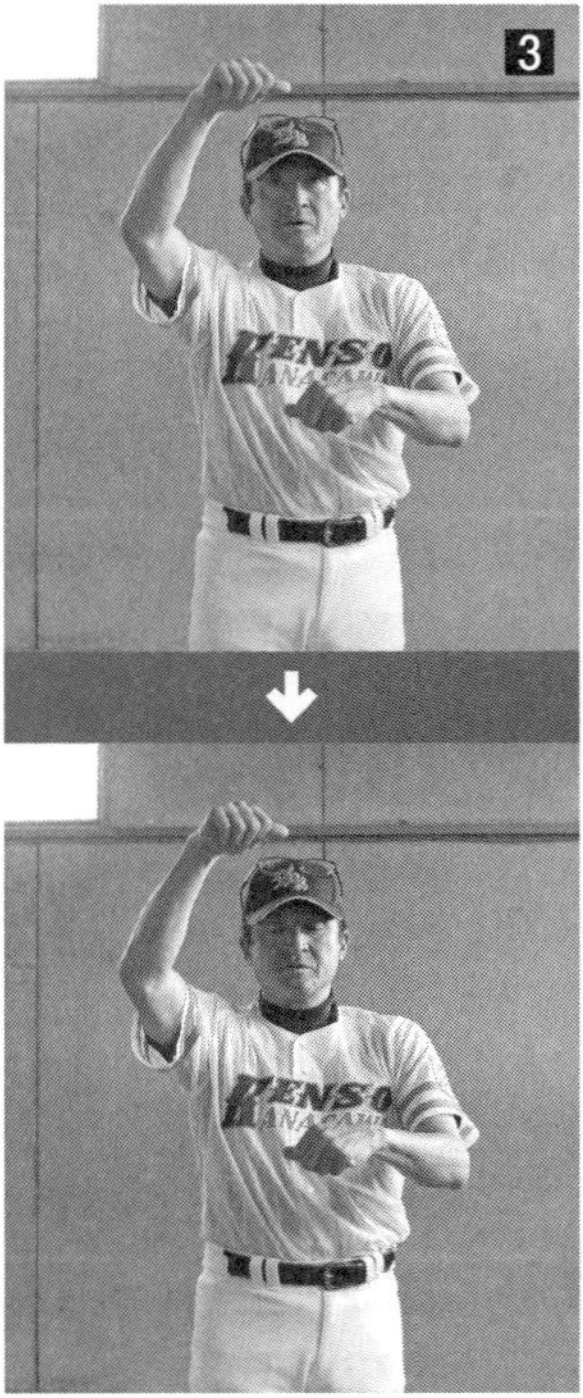

左右、上下に両手の親指を構え、それを交互に見ることを繰り返し周辺視野を広げる

スイングスピードを速くするためには——3種類のバットを使用

本書では繰り返し「ボールを引き付けて打つ」ことの重要性を述べているが、「ボールを引き付けて打つ」ために何よりも大切なことは「スイングスピードを上げる」ことである。

私は、選手たちのスイングスピードを上げるため、主に3つの練習（トレーニング）を取り入れている。

その1：筋力トレーニング…腹筋、背筋、体幹、リストカール（手首を強くするための前腕の筋トレ）など

その2：ティーバッティングで3種類のバットを使う（筋肉の錯覚を利用する）

その3：3種類のバットを使用したティーバッティングの早打ち

私は基本的にスイングスピードを上げるには「バットを振る」のが一番だと思っており、毎日の素振りはもちろんだが、「その2」のようにティーバッティングにひと工夫を加えた練習を行っている。

3種類のバットとは次の3本で、これを1から順番に使って打っていく。

1：ヘッドに金属のリングをつけたバット（重量1・2キロ）

2：通常のバットより細く軽い竹バット（重量約600グラム、通称：細バット）

3：普通の木製バット（重量約900グラム）

まず1の重いバットで、振るためのパワーを付ける（マスコットバットでももちろんOK）。そして2の「細バット」にするとバットがとても軽く感じ、思い切り振ることができる。この速いスイングで筋肉を刺激し、体にそのスピードを覚えこませる。最後の3では、その速いスイングのままで普通のバットを使い、速い錯覚のままスイングを整える。

これをそれぞれのバットで20球、30球と球数を決め、何セットか行うといいだろう。

「その3」の早打ちは、通常のティーバッティングより早いリズムで次々と打っていくバッティング練習である。

投げ手はボールを4～5球持ち、1秒に1球くらいの間隔でボールを投じていく。体全体を使わないと連続でスイングすることができないので、筋力アップと同時にスイングスピードも上げることができるバッティング練習である。

また、この練習の効能はもうひとつある。

バッターはゆっくり構えている時間がないので、必然的にスイングしやすいトップの位置

を見つけようとするため、トップの位置がなかなか定まらないバッターにもおすすめの練習なのだ。

私は冬場、ここに挙げた3つの練習により重点を置き、「スイングスピードを上げる」ようにしている。「その2」「その3」の練習はとても有効なので、ぜひみなさんにもお試しいただきたい。

素振りは量より質——素振りを生活の一部にしよう

私は常々、選手たちに「素振りは学校の練習でするものではない。家でするもの。素振りを生活の一部にしなさい」と伝えている。

私が中学・高校生の頃は、練習から帰宅すると荷物だけ置き、再び家の外に出て、街灯の明かりでできる「自分の影」を見ながら毎日素振りをしていた。

こういった生活をしていると、素振りをすることが日課となる。素振りをするタイミングはいつでもいい。私のように帰宅直後でもいいし、夕食の後、あるいは風呂に入る前などでもいいだろう。

とにかく、「素振りをしないと気持ち悪くて寝られない」というくらい、素振りを生活の一部にすることが大切なのだ。

以前、県相の選手たちに「家の人に〝素振りはもういいから、早く寝なさい〟って言われるくらい振ったことがあるか？」と聞いてみたことがある。残念ながら「はい」と答えた選手はひとりもいなかった。

私が現役の頃はバッティングで悩み、ベッドに入っても落ち着かず、そのまま表に出て７００回、８００回と素振りをしたこともあった（母から「いい加減にしなさい」と何度言われたことか……）。

とにかく黙々と、毎日地道に振り続けなければ、しっかりとした打撃の軸はできっこないのだ。しかし、結局のところ素振りは量だけでなく、量＋質である。ただがむしゃらに、悪いスイングのまま何百回振っても、バッティングフォームは悪くなるばかりで、それでは打撃力の向上にはつながらない。

たまに「選手には１日１０００回振らせている」と言っている監督さんがいたりするが、集中力を保ち、しっかりしたフォームで振らなければ、振れば振るほど選手にとっては悪影響になるだけである（振る筋力だけは付くかもしれないが……）。

ここで、質の高い素振りをするためのポイントをいくつか挙げたいと思う。

①鏡、ガラス窓、照明の影などを利用して自分の姿を見ながら素振りをする（構えやトップの位置が45～60度の正しい位置に来ているかどうかを確認することが大切）

②ピッチャーが投げるのをイメージしてそれに合わせて振る（右投げ、左投げ、ワイン

ドアップ、セットポジション、クイックモーションなど色々とイメージする）
③球種を設定する（たまに「ストレート待ちのカーブ」などとイメージするのもいい）
④コースを設定する（ストライクゾーンを９マスに分け、それを順に振っていく）
ちなみに、県相では大会期間中、偵察部隊が撮影してきた対戦相手のピッチャーのフォームをＬＩＮＥなどで選手たちに配信し、選手たちはそれを見ながら家で素振りをするようにしている。

ここではとりあえず４つのポイントを挙げさせていただいたが、あとはそれぞれが自分にいいと思うやり方を取り入れながら、とにかく１日50～１００回でもいいので素振りを「毎日」続けてほしい。

メジャーリーグで今も活躍するイチロー選手は高校時代、毎日10分だけ素振りをしていたそうだ。でも彼は1年３６５日×3年間、その素振りを休まず毎日続けた。そして、その積み重ねによって強い気持ちが持てるようになったという。

「継続は力なり」
「塵も積もれば山となる」
「千里の道も一歩から」

いいスイングを身に付けるのに、近道はないのである。

第4章

打撃と投球における体のメカニズム

体の使い方ひとつで、成績は急上昇する

骨盤で打て――支点（軸）は骨盤の前と真ん中にあり

第1章でも触れたが、打撃の基本は下半身にあり、その中でも「骨盤」はとても重要な役割を果たしている。第1章では「骨盤の前傾」の大切さを述べたが、ここではさらなる骨盤の重要性に関して解説したい。

バッティングにおいて「軸」はとても重要な概念だが、その指導においてよく「頭のてっぺんから串が刺さっていると思って回転しろ」と言われたりする。

確かにそれはそれで間違ってはいないのだが、あまりにも大まかすぎて「じゃあ、具体的にどうやって回転すればいいの？」と感じる人も多いだろう。

私はインコースとアウトコース、それぞれに打つ時の「軸」は異なると考えている。そして、そのカギとなるが「骨盤」なのだ。

まず、アウトコースを打つ時の軸となるのが「前骨盤」（ピッチャー側の骨盤）である。前骨盤を軸にして上半身を回すから、腰は閉じたままのスイングとなる。

逆に真ん中からインコース（高さは真ん中から高目）にかけての軸は、「骨盤の真ん中」となる。つまりこれこそが先に述べた「頭のてっぺんから串が刺さった状態」の回転となり、この時はアウトコースと異なり、腰が開くスイングとなる。

基本的にバッティングは、打つポイントの方向に骨盤を正対させる。つまり、アウトコースは引き付けて打つため、骨盤はホームベース方向に向いたままのスイングとなり、インコースはピッチャー方向寄りのポイントで打つため、腰を開きながらのスイングとなるわけである。

このようにイン、アウトそれぞれのコースによってバッティングの軸は異なる。アウトコースのボールを打っても引っ掛けたボテボテのゴロになってしまう人は、バッティングの軸が「体の中心」ひとつだけだと考えているから、アウトコースのボールにも腰を開いて打つようになってしまっているのだ。


「骨盤を軸にする」という動きがいまひとつ理解できない人は、「打つポイントに後ろ膝を向ける」と考えると、分かりやすいかもしれない。スイングした時、後ろ膝を「打つポイント」の方向に向け、そこから上半身をスイングさせるのである。

アウトコースの時、後ろ膝はホームベース方向を向いているはずだから、これなら腰が開くことはない。一方のインコースは、後ろ膝がピッチャー方向に向くはずだから、腰をしっかりと回転させて打つことができる。

「骨盤と後ろ膝の向きは連動している」

このことも覚えておいてほしい。

「ため」のないバッターは「ボールを股関節で見ろ」

ストレートには滅法強いのだが、緩い変化球が来ると体が前に突っ込み、面白いようにクルクル回って三振ばかり、という選手がよくいる。私は選手たちに常々「ためを作るためには、ボールを〝股関節で見ろ〟」と指導している。

「骨盤が軸」の次が「股関節で見ろ」では、きっと読者のみなさんも「佐相は何を言ってるんだ?」とお思いだろうから、ここでもその真意についてちゃんとご説明したい。

変化球に弱いバッターは、目ではなく顔でボールを追ってしまうから、スピードの変化に付いていけず、体が前につんのめったような状態となる。このような体勢では軸も重心もあったものではないから、バットが空を切るのは当然である。

だから、そんなバッターはイメージとして「股関節に目を持つ」といいと思う。もっと具体的に言えば「軸足の股関節に目を持つ」のである。

緩いボールに体が突っ込んでしまうのは、前足（軸足とは逆の足）の股関節でボールを見にいってしまっているようなものだ。これではボールがまだ打つポイントに来ていないのに、腰はすっかり開いた状態となってしまう。

じっくりと、打つポイントまでボールを引き付けるためには「軸足の股関節でボールを見る」ようにすればいいのである。

体の「ため」がなくなってきたら「ボールを股関節で見る」ことを思い出してほしい。

足を上げて打つメリット・デメリットと注意点

足を上げて打つ場合のメリットは体重移動のスピードが加速されるので、よりパワーをボールに伝えやすいこと。逆にデメリットは勢いが付いている分、すり足よりも確実性で劣ることだ。

足を上げて打つバッターに気を付けてほしいのは、踏み込む足が着地する時は、すり足と同じ着地にならなければいけないということである。足を上げて打つのは、上げてから地面に着くまでが直線的で「ドン」と着地するイメージがあるが実は違う。足を上げて打つのもすり足で打つのも、実は着地は一緒なのだ。

すり足の場合、踏み込む足が地面すれすれで進みながら、母指球を滑らせるようにしてスーッと着地する。足を上げて打つパターンも着地する直前はすり足と一緒。「ドン」と勢いそのままに着地するのではなく、上から下の勢いを横に変え、すり足と同じく滑るように着地する。

その方が体重移動がよりスムースにいくようになるので、直線的に足を着地させていた人はぜひそのようにしてほしい。

詰まった当たりが多いバッターは背中の向きに注意

なかなかピッチャーとタイミングが合わず、ストレートにも差し込まれやすい。インコースを打っても、いつも詰まった当たりのボテボテのゴロになってしまう。県相にもこういったタイプのバッターはいる。

ストレートなどに差し込まれやすいのは、バットのヘッドが頭の後方に深く入りすぎていたり、あるいは単純にタイミングの取り方が悪く、始動が遅いために振り遅れてしまったりするパターンが主な原因である。

だが、このふたつは対処法が明らかなので、直すのはさほど難しくない。前者はトップの時のヘッドの角度を45度に保つよう素振りなどで修正すればいいし、後者はタイミングの取り方を今までより早くして始動も早めればいい。

一番厄介なのは、先に挙げたふたつではなく、「トップの時に肩が深く入ってしまう」バッターである。

肩が深く入ってしまうバッターは、トップの位置に入った時、ピッチャーに背中が全部見えるくらい上半身をひねる。強い打球を打とう、遠くに飛ばそうという意識が強すぎるバッターほど、反動を利用しようとして上半身をひねりがちである。

だが、クローズドスタンスでピッチャーに背中が見えているなら分かるが、スクエアに構えた状態で背中が見えてしまうのは、緩いボールにはタイミングが合ったとしても、速球には差し込まれるだけになってしまうだろう。

肩が深く入ってしまう選手は、鏡を見て素振りをするなどして、ピッチャーから背中が半分見える程度の構えからのスイングを体で覚えていくしかない。

また、修正するための練習方法として、1・2・3のタイミングで素振りをする際、「2」の時に肩を深く入れるのではなく、開くようにして、下半身と上半身の動きを逆にするのも矯正法としておすすめだ（ちなみに、この矯正法ではスイングはしない。「1・2」の動きだけを繰り返す）。

バッティングでの正しい両肘の使い方を身に付けるためには

バッティングにおいて前肘（右打者の左肘）と後ろ肘（右打者の右肘）はそれぞれに大切な役目を担っている。

前肘の役目はスイングの方向性を決めること。バットを振り出した時の前肘の腕（上腕）の角度は地面に対して45～60度が基本で、それ以上、腕が開くと脇の空いたスイングとなりヘッドが下がってしまうし、両腕を束にできないので注意が必要だ。

後ろ肘は、バットをグッと押し込みながらボールに体のパワーを伝える役目を担っている。構えた時、後ろ肘は脇腹からやや空いた状態。ここで脇を締めすぎるとバットを押し込む時にパワーが弱まってしまうのでその点にも注意しなければならない。

後ろ肘はコースによって使い方が変わってくる。アウトコースを打つ時は脇腹と肘の間隔を空けたまま、ポイントまでスイングしていく。インコースは逆に脇腹に肘を近づけ、バットが体に巻きつくようにするとスムースにスイングできるはずである。

それぞれの肘の使い方を確認し、体で覚えるために、県相では片手打ちのティーバッティングも行っている。

前腕でやる場合は、肩口からヘッドを立ててスイングすることを意識し、前肩が開きすぎないようにしつつ、しっかりと大きなフォロースルーを心がける。後ろ腕でやる場合も振り始めは前腕と同じようにヘッドを立て、肘をへそに近づけるようにスイングする。

通常のティーバッティングを始める前に、前腕、後ろ腕それぞれで最低20～30本は打つようにすると、正しい肘の使い方が身に付くと思う。

右投げ左打ちの時代は終わった

私が現役だった頃は、元読売ジャイアンツの柴田勲さん（俊足巧打のトップバッター。私の高校の先輩でもある）が右投げ左打ちで全国の野球少年に多大な影響を与えたが、今ほど右投げ左打ちのバッターは多くはなかった（私も本来は右利きだが、中学生の時に監督の助言もあって左打ちに転向した）。

その後、イチロー選手や松井秀喜氏、さらにその後の高橋由伸氏（読売ジャイアンツ監督）、そして現役で活躍している大谷翔平選手、筒香嘉智選手、柳田悠岐選手などの影響もあって、右投げ左打ちの選手は相変わらず増え続けている。

だが、侍ジャパンなどに代表されるように、日本の野球界では今「右の大砲不足」が深刻な問題となっている。これは何もプロ野球に限った話ではない。高校野球、大学野球、社会人などのアマチュア球界でも「右の大砲不足」は顕著である。

なぜ「右の大砲」が必要なのか。それは、右投げ左打ちが増えていることだけが理由ではない。実は、左の強打者が増えたことにより、左投げの好投手も近年増え続けているのである。だからこそ、左ピッチャー対策として「右の大砲」が必要なのだ。

昔、松井秀喜氏がニューヨーク・ヤンキースで活躍していた頃、とあるインタビューで

「逆方向（レフト方向）に強い打球を打ちたいのだが、インパクトの瞬間の後ろ腕（左腕）の押し込みがうまくできず、思ったように飛距離が出ない。自分は本来右利きなので左腕の操作が思うようにいかないから」というようなことを言っていた。

本書でも述べてきたが、アウトコースを打つ際、強い打球を飛ばすには後ろ腕の押し込みがとても重要である。もちろん、松井氏は並みのプロ野球選手以上の技術を持っていたのだから、後ろ腕の操作もかなり高いレベルでできていたと思う。

しかし、松井氏は世界のトップレベルで戦っていくのに「さらなる武器」をきっと必要としていたのだ。世界の最高峰で戦う松井氏だからこその悩み。私は松井氏のその話を聞いて「やはり右利きは右打ち、左利きは左打ちと、自然の流れに任せた方がいいのかもしれない」と思うようになった。

右の強打者が必要とされている今、右利きの選手をあえて左バッターにする必要はないように思う。もちろん、人それぞれに適性があるので「左打ちの方がしっくりくる」とか、「利き目が右目でインコースが見やすい」、「右利きだけど左手もうまく使える」という選手が左打ちになることを私は否定しない。ただ、これからの時代は「無理に左打ちに変える必要はない」ということだけは申し上げておきたい。

立ち姿が堂々としていない選手、走り方の汚い選手はいい選手にはなれない

近年、野球部に入部してくる選手たちを見ると、猫背気味になっていて骨盤が立っていない子が多く、正しい立ち方や正しい椅子の座り方がまったくできていない。

正しい立ち方とは背筋を伸ばし、肩はリラックスした状態で、お腹を引っ込めて胸式呼吸をするように（胸に空気を吸い込むように）胸を張る。

歩く時は正しい立ち方の姿勢を保ちながら、腕を自然に振り、それぞれの足を真っ直ぐに踏み出さなければならないのだが、最近はがに股になってしまっている子が多い。

正しい立ち方、歩き方をしていれば走り方も自然とよくなる。走り方は左右対称であるから体のバランスも整えられ、結果としてバッティングもピッチングもよくなっていく。

また、立ち方の汚い選手は体のバランスが悪いので、故障が多くなる（特に腰）。これは私の経験からもはっきり言える。

基本の基本である立ち方、歩き方を抜きにして、上辺だけでバッティングやピッチングをよくしようとしても、それは傾いた基礎の上に建っている建物を真っ直ぐに修復しようとしているようなもので、まったく無意味である。

２０１７年に入学してきた新入部員の選手たちは特にその歩き方が気になったので、入部早々、私は1年生たちを集め、正しい立ち方から指導をし、座り方、歩き方、走り方（ゆっくり）の練習を毎日繰り返した。

先ほども少し触れたが、正しい立ち方とは胸に息を吸い込むような感じで、大胸筋を張った状態で、背筋を伸ばして立つ。これがバッティングのいい構え方、ピッチングの時のいい立ち方にもつながる。歩く時はこの立ち方のまま、頭のてっぺんが天井から吊り下げられているようなイメージで足先を前に向け、真っ直ぐに踏み出していく。

さらに私は選手たちに「普段、鏡やガラスなどに映る自分の姿を確認し、かっこいい立ち方、歩き方を意識しろ」と教えている。要は「普段の生活からいかに姿勢を正していくか」が大切なのだ。勉強している時も猫背になってしまっては意味がないから、背筋をしゃんと伸ばして椅子に座るようにも指導している。

それを数ヶ月、徹底して繰り返せば、立ち方、座り方、歩き方は直る。歩き方、走り方の悪いクセを取り除けば、動き自体がよくなり、バッティングもピッチングもよくなる。

かつて私は「正しい走り方」に重点を置いて新入生たちを指導していた。もちろん、この指導はそれなりに効果を上げたが、最近、それだけでは不十分なことに気付いた。そこで、２０１７年は「正しい立ち方と座り方」から指導を行うことにしたのである。

成果はすぐに表れないかもしれないが、長い目で見た時、「正しい立ち方と座り方」は選手たちの運動能力をより引き出すことに貢献してくれると信じている。

走り方をきれいにすればピッチングもよくなる

私はピッチャーを指導する時、基準にしていることがある。それは「走り方がきれいかどうか」である。走り方の汚いピッチャーは投げ方もどこかクセがあり、スムースなフォームで投球することができない。

走り方の良し悪しは投球のスピードにも大きな影響を及ぼす。県相のピッチャーでもMAXが130キロそこそこだったピッチャーが走り方を直したところ、135キロを投げられるようになった。

考えてもみてほしい。オリンピックに出る100メートル走者で走り方の汚い人はいない。前後に肩がブレることなく、腕も真っ直ぐに振られ、足もきれいに真っ直ぐ踏み出している。コンマ1秒の世界で勝負する100メートル走は、動きのあらゆる〝無駄〟が省かれているから、その走りが美しく、きれいに見えるのである。

走り方がきれいになると、体のブレがなくなり、足の踏み込み（ステップ）も真っ直ぐになり、ピッチングフォームのいろんな部分に好影響を与え、結果として球速がアップする。以前、春日部共栄の本多利治監督からも「選手の走り方を見ればいいピッチャーになるかどうか分かる」と伺ったことがある。

私は入学したての新入部員でピッチャー希望の選手がいると、まずは走り方を見る。そしてその走り方が汚いと「君はまず走り方を直さないと、どんなに技術を教えてもいいピッチャーにはなれない」と伝える。そしてそういった選手たちには走り方を直すため、徹底して坂道ダッシュを繰り返させる。

ただ、歩き方、走り方といったものは高校生くらいになると体に染み付いてしまっているから、これを直すのはなかなか容易なことではない。独自の走り方の神経系ができあがっていて、その神経の伝達経路を一旦すべて壊さなければならないからである。

しかし、あきらめずに正しい走り方でダッシュを繰り返せば、必ず走り方は直る。もし球速がなかなかアップせずに苦しんでいるピッチャーがいるとしたら、一度自分の走り方を見直してほしい。

足の遅いピッチャーの球は速くならない

ピッチャーの走り方に関連して、もうひとつ述べておきたいことがある。

これは私の経験則から言うのだが、足の速くないピッチャーは球速が１３０キロを超えることはない。私の教え子たちで１３０キロを超える、あるいは１３０キロに迫る球速を出していたピッチャーはみな足が速かった。

実際の数値的にいえば、高校生で50メートル走が7秒台のピッチャーは、正直どんなにがんばっても130キロを超えることはないだろう。

中学校の教師時代、元プロ野球選手の倉持明さん（ロッテオリオンズ、ヤクルトスワローズなどで活躍したピッチャー）と食事をする機会があったのだが、そこで元読売ジャイアンツの江川卓投手の話が出た。

江川投手といえば、快速球で甲子園、六大学野球を沸かせ、当時のプロ野球でもオールスターで8連続三振などを記録した大投手である。倉持さんは当時、グラウンド練習でダッシュする江川投手を見て驚いたそうである。そのダッシュがとにかく速かったというのだ。プロ野球選手が他の選手のダッシュを見て「速かった」と言うのだから、江川投手の足は相当に速かったのだろう。

私はその話を聞いて「やはり、足の速さと球速は関係がある」と、確信を深めた。

私が現役の頃は「走れ、走れ」の時代で、特にピッチャーは朝から晩まで走らされたものだ。私は今もたまに長距離を走らせたりするが、ピッチャーの下半身強化（スタミナ強化）のメインはインターバルを入れた200～300メートル走である。実際の試合を想定し、20球投げたら300メートルをダッシュする。それを9セット行い、瞬発系の持久力を付けるのだ。

県相では、冬でも気温が10度くらいあればピッチング練習をどんどんやらせる。投げることで筋肉を付け、さらにダッシュなども取り入れることで9回を投げきるスタミナを付けさせる。もちろん冬場はインナーマッスル、アウターマッスルをバランスよく鍛える筋力トレーニングも行っている。

そうやって器具を使った筋トレと、実際のピッチング練習+ダッシュを繰り返しながら県相のピッチャーは冬を越す。１４０キロを超えるピッチャーをひとりでも多く生み出し、県相野球部を強くする。それが私の使命だと思っている。

ピッチング練習は週4——変化球の肘への負担も考える

激戦区・神奈川で強豪私学と同じ練習、同じ考え方をしていたのでは到底太刀打ちできない。そこで私は超攻撃的野球を目指したのだが、守備力をいい加減に考えているわけでは決してない。

私が守備力の中でもっとも重視しているのが〝投手力〟である。ピッチャーを育てない限り、しっかりしたディフェンスは考えられない。

県相では随時、10人ほどの選手に〝投手〟としての練習をさせている。そしてその中から3人程度をピッチャーとしてベンチ入りさせ、各大会を戦うようにしている。神奈川の大会でベスト８入りを目指すのであれば、一線級のピッチャーがふたりは欲しい。しかし、公立高校では「ふたりの一線級ピッチャー」を確保するのが難しい。

強豪私学のクリーンアップを抑えるには、１４０キロ前後のストレートと鋭い変化球が最低ひとつは欲しいところだ。

私は他校の監督さんなどからよく「佐相さんはピッチャーを育てるのがうまい」と言われるが、それはバッティングもピッチングも、突き詰めて考えれば体の使い方、動かし方のほとんどがイコールでつながるからである。

だからその選手がどうやって投げたら一番効率よく、持てるパワーをボールに伝えられるかが、バッティングと一緒でフォームを見れば大体分かる。その選手のいいところは生かしつつ、直すべきところは徹底して直す。先ほど述べた佐相流ならではのトレーニングなども取り入れながら、シーズンを通じて「ピッチャー育成」には力を入れている。

県相のピッチング練習は基本的に週４日である。土・日曜に試合で投げたとして、月曜はノースロー調整で、火曜から金曜にかけて週末の試合がピークになるよう調整をしていく。日々のピッチング練習の中で、ストレートの球威、キレを磨くのは当然だが、決め球となるような〝変化球〟を身に付けるのも大切である。

球威のあるピッチャーにはできれば「フォークボール」を覚えてほしいが、フォークボールはコントロールするのが難しく、どのピッチャーでも投げられるというものではない。だから、たとえばそのピッチャーがいいスライダーを持っているのであれば、私はそのスライダーがさらに鋭いキレになるよう指導していく。

フォークボールと同じく、できれば投げてほしいと思っている球種が「シュート」「シンカー」だ。右対右の場合、カーブ、スライダーが「バッターから逃げるように曲がる」変化球ならば、シュート、シンカーは「バッターに向かっていくように曲がる」変化球であり、「ここでゴロを打たせたい」という時に有効な球種である。

シュートは肘に負担がかかると思っている人もいるようだが、正しい投げ方をすればシュートは肘の負担にはならない。プロ野球選手のピッチングのコマ送り写真などを見ても分かるが、ストレートを投げると、投げ終わった時に手の平は外側を向いている。基本的にシュートも手の平を外側に向けるようにして投げるから、肘にかかる負担はストレートとそれほど変わらないのだ。

むしろ、肘に一番負担のかかるのはカーブである。カーブは投げ終わった時、手の平が内側に向くように腕を振る。これは、ストレートのような自然な腕の振りとはまったく逆の動きであり、その分、肘にも負担がかかるのだ。

いずれにせよ、そのピッチャーに合った変化球は必ずある。指導者はそういった変化球を見出してあげる、あるいは持っている変化球にさらに磨きをかけてあげる。そう考えて指導すればいいと思う。

第5章

佐相流指導法と気付き

固定観念を捨てるのが勝利への近道

軟式野球と硬式野球の大きな違い

ピッチャーがバッターを打ち取る過程において「インコースをどう攻めるか」は、とても重要なポイントである。神奈川の高校野球も、最近でこそインコースを突く野球となってきたが、私が現役の頃のピッチャーはどの学校も「外一辺倒」の「アウトコースメイン」の攻め方だった。

これは高校野球の監督になってから気付いたのだが、中学の「軟式野球」と高校の「硬式野球」の大きな違いはここにある。

軟式野球では、ゴム製のボールを金属バットで打つ。だからたとえインコースに詰まったとしても、ボールが外野まで飛んだり、あるいはヒットになったりすることがよくある。一方、硬いボールを使う「硬式野球」では、インコースの詰まった当たりがヒットになることは滅多にないため、ゴロを打たせたい時などにバッテリーはインコースを突く攻めを用いる。

そんな理由から、軟式野球では「打者が一番打ちづらく、ヒットにもなりにくいアウトコース低目を攻めよう」と、アウトコースメインの組み立てが使われているのである。

また、硬式野球ではバッターに「高目の釣り球」を投げ、フライで打ち取る、あるいは空振りを奪うといった攻めが見られるが、軟式野球で高目に投げると高いバウンドのゴロになったり、せっかく打ち取ったフライがポテンヒットになったり、変な回転のフライで野手がエラーしてしまったりと、高目を攻めてもあまりいいことがない。

だから軟式野球のバッテリーの組み立て方は「アウトコース+低目」になることが多い。

そのため中学野球の監督時代の私は、選手たちに対してまずは「アウトコースを打つバッティング」と「低目を打つバッティング」をしっかり指導することから始めていた。

序章の中で、県相野球部に入部してきた軟式上がりの選手が硬式のバッティングに慣れるには「1年はかかる」と述べたが、これは「使用するボールの違い」に加え、2000年代になってから軟式野球で盛んに使われるようになったビヨンドマックスなどの「特殊素材を用いたバット」が大きく影響している。

硬式用金属バットの芯（ボールを打つバットのポイント）はおよそ3センチくらい。この3センチ内に当たれば強い打球が飛ぶが、芯を外せば弱い当たりのボテボテのゴロになったりする。

だが、軟式野球で使われているビヨンドなどのバットは、金属バットの芯の部分に特殊素材が用いられており、この幅が10センチ以上と広い。この特殊素材を用いた部分にボールが当たれば、通常の金属バットより飛距離がアップする。だから、現在でも多くのバッターがこの特殊素材を用いたバットを使っている。

ところが、芯の幅が広い特殊バットを使っていた選手が、高校野球でいざ金属バットを使おうとすると、10センチ幅の芯に慣れてしまっているため、なかなか3センチ幅の芯でボールを捉えることができない。学童野球から通じて5年、6年と特殊素材のバットを使い続けている選手はなおさらのこと。

そういったもろもろの理由から、軟式上がりのバッターが硬式に慣れるのには、やはり1年はかかってしまうのである。

「ポイントを前に」はやめた方がいい――引き付けて打つのが基本

「前でさばく」とは、打つポイントを前にする（いつもより打つポイントをピッチャー寄りにする）ということである。

基本的に「前でさばく」感覚で打つのは、インコース高目のボールだけである。その「前でさばく」ポイントを真ん中にもアウトコースにも使ってしまうと、当然のことながらボールをしっかりと捉えることができず、凡打を繰り返すこととなる。

指導者の中にはバッターに対して「前でさばけ」と教えている人もいるようだが、あまりにポイントを前にしすぎると凡打が多くなるだけでなく、アウトコースの変化球などにも対応できなくなってしまうので注意が必要である。

私の考えるバッティングの基本は「引き付けて打つ」ことだが、140キロ前後の速球派のピッチャーと対戦する時だけは、選手たちに「体重移動はそのままで〝前でさばけ〟」と教えている。「前でさばく」感覚で打ちにいっても、速い球に自然に差し込まれて、結果的には「引き付けて打つ」ことになるからである。

本来なら、速球派のピッチャーにも「引き付けて打つ」感覚で打ちにいってほしいのだが、バッターの技量がなければ「前でさばく」感覚でしか対処法がないので、仕方なくそのように指導している。

これと同様に、小学生くらいのバッターであれば、腕力がないため、振り遅れることもきっと多いだろう。でもだからといって、小学生に「ポイントを前にしろ」と教えるのは、私は間違った指導だと思う。

腕力のない選手に「ポイントを前にしろ」と教えたら、その選手は「ポイントは前」の感覚を持ったまま成長してしまう。そんな選手が中学、高校と成長したら上体が前に突っ込み、アウトコースの変化球はまったく打てないバッターとなってしまうだろう。

だから、小学生くらいの腕力のない選手には、振り遅れていたとしても「前で打て」と教えてはいけない。振り遅れないようにするには、バットを短く持ったり、あるいは軽いバットを使わせたりするなど「いかに速く振るか」に焦点を当てて対処するようにした方がいいと思う。

学童野球の指導者の方々には、「目の前のこと」に対処するだけでなく、そのような「長期的な視点」も持って選手たちを指導するようにしていただきたい。

力みがちな選手、プレッシャーに弱い選手への対処法

「すぐにガチガチに緊張してしまう選手や、重圧のかかる場面で実力を発揮できない選手がいるんですが、佐相さんはそういった選手にどういう指導をしていますか?」と聞かれることがよくある。

まず、すぐに力んでしまう選手には、普段から「やわらかく、緩い」状態を意識させるといいと思う。たとえばバッティングの場合でも、すぐに力んでしまう選手は構えた時から肩や腕に力が入ってしまっている。

だからそれを改め、最初から最後まで力を入れて打つのではなく、やわらかく緩く構えて、インパクトの瞬間だけ力を入れるようにさせる。普段の練習から「やわらかく緩く構える」ことを意識させるだけで、力みは随分と減らすことができるはずだ。

プレッシャーに弱い選手、あるいはチャンスの場面で実力を発揮できない選手には、私はまず「状況に惑わされるな」「今をシンプルに考えろ」と教える。

先日も、我がチームでこんなことがあった。今の一番バッターは広角に打てて、出塁率も高い、なかなかいいバッターである。でもその選手は、なぜかスコアリングポジションにランナーがいると「ヒットを打って得点しなければ」という気持ちが強くなりすぎて、凡打や三振を繰り返していた。

だから、私はその選手に「いつも通りでいいんだ。スコアリングポジションにランナーがいても、初回のトップバッターとして打席に入るつもりで打て」と話した。するとその選手は次の試合で得点圏にランナーがいても、いつも通りのバッティングができるようになった。

ひと言で「プレッシャーに弱い選手」といっても、その選手ごとにふさわしい言葉がけ、対処法があるはずだ。だから私は「この選手にはどんな言葉をかけたら、あるいはどんな教え方をしたら一番分かってもらえるのか？」を最優先に考えるようにしている。

平常心で戦う――ピンチはチャンスのためにある

選手たちに試合で最大限の力を発揮してもらうために、「どんな状況であっても平常心でいる」ことはとても大切である。すぐに緊張してしまう選手や力みがちな選手は県相にもいるが、そんな選手たちには平常心で試合に臨めるよう、普段から伝えるべきことは伝えている。

人は「勝とう」とする意識が強すぎると、結果ばかりを求め、失敗を恐れるようになってしまう。だから私は選手たちに「勝ちや結果を求めるな。常に〝今のこの場面を全力で戦う〟ことだけを考えるようにしろ」と教えている。

ピンチは次に「チャンス」がやってくるための踏み台である。つまり、チャンスのためのピンチなのだから、ピンチが来たら「よし、このピンチをクリアすればチャンスが来る」と思って戦うことが大切なのだと思う。

県相の試合の際、客席に飾る横断幕があるが、そこには私の好きな言葉「感動　陽転　決断」の3つの言葉が書かれている。選手たちに常に平常心でいてもらいたいことから選んだものであり、それぞれの言葉の意味を私は選手たちにこう伝えている。

「感動」「感じて動く」と書いて感動。グラウンドを感じる。スタンドを感じる。相手のプレーを読む、相手の気持ちを読む。自己を分析し、相手に対応する。これらすべてが「感じて動く」ということ。

「陽転」ピンチはチャンスの序章である。今までやってきたことを土台とし、どんな状況にあっても動じない。そのぶれない心が、次のチャンスをつかむきっかけとなる。

「決断」試合中には、相手打者や展開に合わせた個人の読みやチーム内でのポジショニングその他、決断すべき時は何度も訪れる。だから練習や日々の生活の中でいつも慣れておく必要がある。

選手たちはピンチだと感じたら、あるいは心が動揺しそうになったら、この横断幕を見る。そして平常心を取り戻す。県相の横断幕にはそういった意味があるのだ。

打順の持つ意味と理想のラインアップ

近年、プロ野球などで二番に強打者が置かれたりすることから「二番強打者論」が述べられることもあるが、私は一番いいバッター（強い打球が打てて、足もあり、センスもある）は三番に置く。

これは単純に少しでも打順が多く回ってくるというのもあるが、ランナー一塁で三番に打順が回ってきた場合はエンドランもあるので、長打もあって足も速くセンスのある選手、つまり一番いいバッターを置いておくとベストだからである。

私の考える理想のラインアップは、次の通りである。

一番：広角に打つことができ、選球眼もよく、足の速い選手。ヒット＋フォアボールなどで高い出塁率の望める選手。

二番：長打力があり、なおかつ「バント」もできる選手。長打力を望むのは、一番バッターが倒れても二番がヒットを打ち「1アウト二塁」の状況が作れるから。
三番：その時のチームの最強打者。チャンスに強い。長打力とともに走力を備えていれば なおよし。
四番：チーム二番目の強打者。でも実はこれに当たる選手がなかなかいない。しっかりした三番、四番がいるとチーム力は格段にアップする。
五番：次につなぐ意味合いが強いので、バントもできる選手。
六番：打点を期待できる長打力のある強打者。初回三者凡退の場合は2回の三番バッターというイメージ。
七番：次につなぐ意識をしっかりと持った選手。
八番：私はここにピッチャーを入れることが多い。
九番：野球センスがあり、考えて打てる選手。選球眼もあり、一番につなぐバッティングのできる選手。長打力は別に期待しない。

ここに挙げたのは、私の考える理想のラインアップであって、いつもこの通りにいくわけではない。打線は「線」であるから、その時々で臨機応変に、変な先入観、固定観念に囚われることなく、「打」の「線」がうまくつながるように、私はラインアップを組むようにしている。

神奈川の強豪私学には、一番から九番までシニアやボーイズなどで三番・四番を打っていた選手がずらりと揃っている。だから県相のような公立校が強豪私学と試合をする時は、一番から九番まで気が抜けない。

私はそんな強豪私学のラインアップを見て「いい選手が揃っているなぁ」といつも感心するが、だからといって公立校の状況を嘆いたりはしない。集まってきた選手をいかに育てて、「打」の「線」とするか。そこが監督の腕の見せ所なのだと考えている。

練習のプランを自分で立てる

結果を出すためには練習に必死に取り組むことはもちろんだが、まずその前に「目標をしっかり立てる」「目標を達成するためのプランを立てる」ことが重要である。

私が県相の選手たちに常々言っているのは「ＰＤＣＡのサイクルが大切だ」ということ。ＰＤＣＡの意味は左記の通りである。

Ｐ（ＰＬＡＮ）：当日・短期・長期それぞれの目標設定とそれに向けての計画を立てる。
Ｄ（ＤＯ）：練習する。それには努力と継続する力が大切。
Ｃ（ＣＨＥＣＫ）：どのような結果となったかチェックをする。
Ａ（ＡＣＴＩＯＮ）：結果を踏まえ、改めて修正をかける。

このＰＤＣＡのサイクルを繰り返すことで、選手たちは実力を伸ばし、それが結果としてチーム力のアップにつながるのである。

県相のグラウンドのベンチには常時ホワイトボードが設置されていて、そこに全選手が各自の目標を書き込むようになっている（ここには主に短期の目標を書き込む）。いつも目に入るところにホワイトボードはあるので、自分自身への確認になるし、他の選手の目標などを見ることによってそれが刺激、発奮材料にもなる。

自分自身の力を高めるために、そしてチーム力を強化するために計画を立てる。まずはそこから始めてみてはどうだろうか。

限られた時間、場所を有効に使う——練習を工夫するのも監督の役目

県相は県内でも有数の公立進学校であり、大学進学率はほぼ100パーセント。3年生の多くは練習後に学習塾に通うなどして、部活動と並行して受験勉強も行っている。そんな環境であるから、私は「限られた時間をいかに有効に使うか」を一番に、練習方法を工夫し、練習メニューを組み立てる。

県相の通常の放課後練習はAチーム（一軍）、Bチーム（二軍）と分けるだけでなく、それぞれを「バッティング班」「守備練習班」「筋力トレーニング班」などに分け、限られたスペース、限られた時間を有効に活用するようにしている。

ちなみにメインとなるバッティング練習は、バックネット方向側に向けて設置した４機の鳥かご（ネットで囲まれたバッティングケージで、ピッチャーからホームベースまで約16～17メートル）である（写真）。

大きなグラウンドの学校であれば、外野に向けてバッティング練習ができるのだが、県相は他のクラブも同じグラウンド内で練習しているため、他のクラブが練習しているところへ硬球を打ち込むわけにはいかない。でも、バッティング練習はしっかりと行いたい。そこで考え出したのが「バックネット方向へ打つバッティング練習」である（これは川崎北時代から取り入れたやり方）。

選手たちは４機の鳥かごを使い、順繰りにその鳥かごを移りながらバッティング練習を行っている。両端の鳥かごは選手がピッ

チャー、真ん中2台の鳥かごはピッチングマシンを配して、その日ごとに投げる球種、速さなどを変える。

さらに両端のピッチャー用に「移動式マウンド」も保護者の協力で手作りした。本番の大会では、ピッチャーは傾斜のあるマウンドから投げてくる。だからその実戦に少しでも近い形で打ってもらうため、この「移動式マウンド」を考案したのである。

移動式マウンドで投げるピッチャー役の選手には「ストレート、変化球、どんな球種を投げてもいい」と伝えている。

そしてバッターは常に「2ストライク」の状況でこのピッチャーのボールを打つ。つまりストライク、ボールをしっかり見極めつつ、難しいボールであっても各自が想定したヒットゾーンに打ち返す技術を身に付けさせている。県相ではそうやって選手たちにより実戦に近い形でバッティング練習を行っている。

勝つためのチーム運営

私の座右の銘は「環境は人が作る。その環境が人を作る」である。

だから前項で述べたようにバッティング練習にも工夫を凝らしているわけだが、防御ネットを設置したり、バッティングケージやピッチングマシンを揃えたりと、当然お金はかかる。学校からの支援にも限界があるため、私はＯＢ会や保護者との関係を深めながら、みなさんからの協力を仰いでここまでやってきた。

交流を深める方法は、主に懇親会だ。保護者との懇親会などはなるべく避けている指導者もいるようだが、私は保護者の方々とは積極的に交流するようにしている。なぜなら、保護者の方々から協力を仰ぐ上で、私の考えであったり、私の人間性を理解していただくのはとても大切なことだと考えているからである。

ナイター照明の設置や水はけのいい土への入れ替え、さらに屋根付きのブルペンの設営など、すべてはＯＢ会と保護者の方々の協力があってできあがったものである。この場を借りて、関係者のみなさまには御礼を申し上げたい。

環境作りの面で私が力を入れているもののひとつに「練習試合」（のマッチメーク）がある。強豪私学と試合をしても選手たちが臆することなく立ち向かっていけるよう、普段から近隣、地方問わず、強豪校と練習試合を組むようにしているのだ。

私は日体大野球部出身なので、そのネットワークをフル活用して試合を組んでいる。２０１６年夏の甲子園にも出場した、いなべ総合（三重）の尾崎英也監督は大学時代の同期であり、今も度々三重に遠征し、練習試合をさせてもらっている。その縁で愛工大明電（愛知）との練習試合もできるようになった。その他にも関東では早稲田実業、修徳（ともに東京）、木更津総合、千葉経大附属（ともに千葉）、花咲徳栄（埼玉）、霞ヶ浦（茨城）、東海大甲府（山梨）といった甲子園常連チームと練習試合を行っている。

そういった強豪校の免疫があるおかげで、県相の選手たちは横浜や東海大相模といった神奈川の強豪私学と戦っても、気持ちの面で怖気づいたり、萎縮したりすることはまったくない。何事も「慣れ」が肝心で、そういった環境を作ってあげることも私の果たすべき役目なのだと思っている。

指導者は野球道の探求者であれ

近年、私の名前も恥ずかしながら神奈川県内外でそこそこ知られるようになり、他校の指導者の方々が見学に訪れたり、あるいはＳＮＳなどを通じて質問されたりすることが多くなってきた。

県相と同じく、神奈川の公立進学校として知られる川和の伊豆原真人監督は、とても熱心な指導者でメールや電話でいろんなことを私に聞いてくる。瀬谷の平野太一監督も若く、情熱にあふれた指導者である。伊豆原監督、平野監督ともに人柄もよく、野球を学ぼうとする姿勢がとても貪欲である。

すべての指導者に当てはまるが、いろんなところに行き、学ぼうとする気持ちのある人は絶対に伸びるし、そのチームは結果を出せるようになると思う。だからこの本を読んだ指導者の方々には、ぜひそういった熱心な指導者になっていただきたいと強く願っている。

実は高校野球の監督になる前あたりから、私はことあるごとに全国各地の強豪校に赴き、そこで大切なことを学ばせていただいてきた。

川崎北で監督になる直前、まず最初に見学に行ったのは静岡県の強豪、常葉菊川だった。当時、甲子園で戦う常葉菊川の試合をテレビで観戦していたところ、選手たちが逆方向に強い打球をガンガン飛ばしていた。私はその秘密が知りたくて、矢も盾もたまらず静岡へ出掛けていった。

さらに高校野球の監督となってからも、年に一度のペースで全国の気になる学校、気になる監督さんのところへ伺い、練習を見たり、話を伺ったりしている。

石川県の強豪、遊学館の山本雅弘監督は野球の動画を使った動作解析のスペシャリストとして知られている。彼は私と同じ日体大出身で中学野球の監督もしていた（星稜中の野球部監督として１９９０年から11年の在任期間中に９度の全国大会出場を果たす）。

遊学館ではバッティングやピッチングの動作解析の話はもちろん、普段の練習内容、雨天練習場のセッティングなど役立つ情報がたくさん得られた。

遊学館に赴いた際には、その足で近くの金沢高校にも立ち寄り、岩井大監督から有名なトレーニング方法ＳＡＱ［Ｓ＝Speed：スピード、（重心移動の速さ）、Ａ＝Agility：アジリティ（体をコントロールする能力）、Ｑ＝Quickness：クイックネス（速く動く能力）］

を学んだ。

その他にも、長崎・佐世保実業の清水央彦監督（当時）のところで投手の育成方法を学んだり、沖縄・興南の我喜屋勝監督から監督哲学や練習法、美里工業の神谷嘉宗監督からはアップやトレーニング、キャッチボールの方法を伺ったりしたこともある。

私はこのようにして、全国のいろんな指導者の方々にお会いし、有益な情報を得て、それを自分なりに理解、解釈しながら「佐相流指導法」として進化させてきた。

私に有益な情報を変に隠すことなく教えていただいた各地の指導者の方々のように、私も質問されたことにはオープンな姿勢で答えていきたい。

それがたとえ県内のライバル校であったとしても、私は聞かれたことにはすべてお答えしていくつもりである。そうすることが引いては神奈川全体の、そして日本全体の球界のレベルアップにつながるものだと信じている。

おわりに

あれは、川崎北から相模原へと異動となった5年前の冬。県相にやってきて1年目の夏の予選、そして選抜につながる秋の大会が終わり、目標が翌年の春季大会に切り替わった頃だった。

打撃、守備、筋力トレーニングなど、いくつかのグループに分かれて、選手たちはいつもの練習に打ち込んでいた。私はその時、たしか三塁側のベンチから打撃練習を見守っていたと思う。ふとグラウンド脇の通路を見ると、ひとりのご老人がこちらに向かって歩いてくる。

ん？　近所のおじいさんが練習でも見に来たのかな？

遠目には誰だかまったく判別できなかったのだが、徐々に近づいてきたその顔を改めて確認して驚いた。その人は誰あろう、前読売ジャイアンツ監督・原辰徳氏の父で、神奈川県高校野球界の重鎮中の重鎮、原貢先生であった。

原先生は福岡の県立三池工業高校野球部監督として、１９６５年夏の甲子園に初出場して初の全国制覇を達成。その後、監督として着任した東海大相模で１９７０年夏の甲子園で再び優勝。その後入学してきた息子の辰徳氏とともに親子鷹で神奈川県代表として夏の甲子園に3年連続で出場（春の選抜にも一度出場）。辰徳氏が東海大学に進学するとご自身も東海大学野球部の監督に就任。今度はそこで首都大学リーグ７連覇という偉業を達成するなど神がかった経歴をお持ちの、まさに「伝説の野球人」である。

原先生のご子息である辰徳氏と私は同級生で、中学、高校、大学と対戦を繰り返してきた間柄である。そんな縁もあって、原先生とは中学野球の監督として全国大会に出場するようになった頃から、球場で度々顔を合わせるなどして親交があったのだが、高校野球に携わるようになってからはお会いする機会がめっきり減ってしまっていた。

そんな原先生の突然のご来場である。最初は本当に泡を食ってしまったが、先生に伺うと、東海大相模の門馬敬治監督から「佐相さんが地元である相模原に戻り、今度は相模原高校の指揮をとることになった」と聞いたから駆けつけたのだと仰っていただいた。

私はすぐに全部員を集め、原先生からお言葉を頂戴した。

原先生は県相野球部員たちを前に約30分をかけ、三池工業の優勝から東海大相模時代の貴重な話を語ってくださっただけではなく、最後に「グラウンドは戦場である。毎日、命がけで練習をしなさい」と部員たちに熱いメッセージを送っていただいた。

原先生は２０１４年に鬼籍に入られたが、今もふとした時に原先生の鋭い眼光と「毎日、命がけで練習をしなさい」という言葉が心に蘇る。

原先生がその礎を築いてくださったといっても過言ではない、神奈川の高校野球。私たち指導者はその遺志を継ぎ、神奈川の高校野球界、さらには日本球界の発展のために尽力していかなければならないと考えている。

原先生への恩返しの意味も込めて、神奈川県60余年ぶりの県立高校甲子園出場を私はこれからも目指していく所存である。

最後に、本書をお読みいただいたみなさまに御礼を申し上げるとともに、本書がひとりでも多くの次世代を担う野球選手たちの参考になれば幸いである。

佐相眞澄

本書は、2017年7月に発売された『神奈川で打ち勝つ！超攻撃的バッティング論』の文庫化です。

配信動画作成／小倉真一
図版作成／小出耕市
写真／北村泰弘・神奈川新聞社
取材協力／神奈川県立相模原高校・藤寿司

神奈川で打ち勝つ！超攻撃的バッティング論

２０１８年１０月６日　初版第一刷発行

著……佐相眞澄
構成……萩原晴一郎
ブックデザイン……轡田昭彦＋坪井朋子
本文ＤＴＰ……ＩＤＲ

発行人……後藤明信
発行……株式会社竹書房
〒102-0072　東京都千代田区飯田橋２－７－３
電話　03-3264-1576（代表）
03-3234-6208（編集）
http://www.takeshobo.co.jp
印刷・製本……中央精版印刷株式会社

ISBN978-4-8019-1621-0　C0176
Printed in JAPAN